JN411639

| 문학사랑 작가선 35 |

소녀의 기도

천강무애 우화콩트

오늘의문학사

국립중앙도서관 출판시도서목록(CIP)

소녀의 기도 : 천강무애 우화콩트 / 지은이: 천강무애. --
대전 : 오늘의문학사, 2017
p. ; cm. -- (문학사랑 작가선 ; 35)

ISBN 978-89-5669-801-4 03810 : ₩15000

우화(이야기)[寓話]
한국 현대 문학[韓國現代文學]

813.8-KDC6
895.735-DDC23 CIP2017003964

소녀의 기도

Prayer
Of A Girl
청강우애

✦Prologue

텃밭농사를 조금 짓고 있습니다.
농업협동조합 조합원이기도 합니다.

글농사도 이따금 지었습니다.
딴에는 소설이라고 발표한 지 10년이어서
못난 자식일망정 내보내기로 하였습니다.

3권 『소녀의 기도』는
우리의 여러 자화상을 우화로 그렸습니다.
일상의 이야기로는 감당할 수 없어
미안하게도 동물들에게 의탁하였습니다.
그 동물들이 화를 낼 것 같습니다.

세 권을 다 펴내고 나면
밭농사나 한 번 오지게 지어볼랍니다.

CONTENTS

CONTENTS

2부 담쟁이의 노래

우화(寓話) 서사시(Epic)

CONTENTS

CONTENTS

3부 너구리 공화국

우화(寓話) 코미디(comedy)

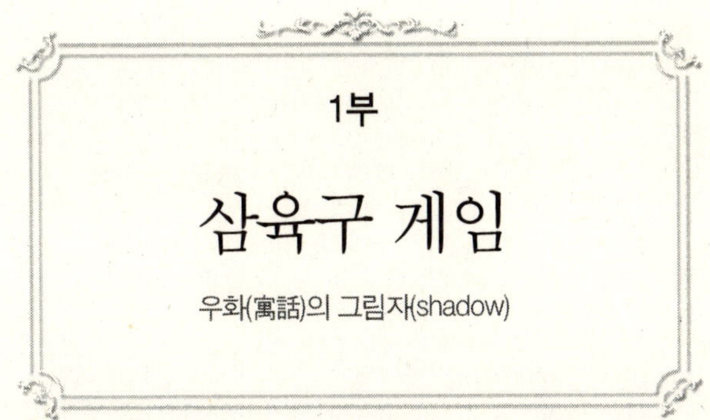

1부

삼육구 게임

우화(寓話)의 그림자(shadow)

날개를 퍼덕이며 소리쳤지만, 그

소리는 병 안에서만 윙윙거렸다.

아! 파란만장한

허연 수염에 초가을 무서리까지 살짝 얹혀 반짝였다. 낙엽에도 하얀 서리가 내렸다.

"아, 이제 말할 기운도 없구나!"

서리 앉은 땅에 무릎을 꿇고 쓰러졌다. 서리 맞은 나무와 풀들도 바르르 떨었다.

"파란만장한 나의 삶도 이것으로 끝이구나."

바람이 살랑 불어도 가벼운 몸이 흔들렸다. 여치 한 마리가 초겨울 아침에 쓰러졌다.

메뚜기 날다

1.

"야, 스모리 너, 몸은 괜찮은 거야?"

건장해 보이는 라지리가 스모리를 바라보며 걱정하였다.

"응, 열심히 먹고 있어."

스모리가 형제들의 얼굴을 바라보며 대답하였다.

"애, 나처럼 뒷다리 근육을 발달시켜야 한다니까!"

미드리도 걱정이 되었는지 한마디 하였다.

"뒷다리로 튕기는 연습을 열심히 하고 있어."

스모리가 미드리를 보면서 대답하였다.

한 어머니의 알에서 태어난 이들은 늘 같이 붙어 다녔다. 어린 시절에 수없는 아픔을 함께 겪었기 때문에 형제지만 한 몸과 같이 서로를 위하였다. 여름볕이 뜨거울 때 햇볕을 피해 볏잎의 뒤에 그림자처럼 붙어 서로를 격려하였다.

"얘들아, 나는 저쪽 미루나무 그늘로 날아가련다."

라지리가 푸드덕이며 날아갔다.

"같이 가!"

미드리도 날개를 파닥이며 날아갔다.

"나도 따라 갈래!"

스모리가 날개를 펴서 힘을 주었다. 먼저 간 형제들을 따라 미루나무 가까이 왔을 때, 까만 새가 나타나 스모리를 낚아채었다. 제비였다. 오지 않는 스모리가 걱정이었지만, 라지리와 미드리는 그늘 속에서 바라기 연한 싹을 먹으며 체력 운동을 하였다.

2.

알에서 갓 깨어난 메뚜기가 뒷다리를 쭉 뻗으며 부슬부슬한 흙 속에서 기어 나왔다. 뒤를 이어 너도나도 따뜻한 햇볕에 물기를 말리며 입을 오물거렸다. 몇 마리는 살금살금 기어서 풀잎을 따라 올라가고, 몇 마리는 심호흡을 하느라 제자리걸음이었다.

3.

알에서 나오자마자 반갑게 맞아 준 것은 개구리였다. 풀섶에서 햇빛을 피하고 있던 개구리 눈에 뜨인 어린 메뚜기는 맛있는 간식거리였다. 풀잎을 따라 올라가는 녀석들도 긴 혀를 한번 날름거리면 몇 마리가 딸려왔다. 고물고물 기어 나오자마자 반 이상이 개구리 입으로 여행을 하였다. 이후로도 날개가 돋아나서 날아다닐 때까지 개구리는 수시로 메뚜기를 밥으로 삼았다.

4.

오물오물 연한 잎을 갉아먹으며 메뚜기가 자랐다. 널려 있는 먹이 덕분에 어린 메뚜기들은 무럭무럭 자랐다. 기어다니던 메뚜기의 다리에 근육이 생기면서 폴짝 뛰어 먼 거리의 풀잎으로 옮겨 다니며 쑥쑥 자랐다. 이때 메뚜기를 기다린 것은 사마귀였다.

사마귀는 메뚜기가 좋아하는 풀, 바라기나 벼 줄기에 붙어 한 몸이 된 것처럼 움직이지 않았다. 그러다가 메뚜기가 폴짝 뛰어 바로 앞에 나타나면 갈퀴처럼 생긴 톱니로 찌르며 움켜잡았다. 그 톱니 갈퀴에 걸리면 움쭉달싹도 못한 채 사마귀의 먹이가 되었다. 사마귀에게 잡힌 메뚜기는 순식간에 날개와 다리만 남기고 사라졌다.

메뚜기 날개가 힘을 얻어 멀리 날아다닐 때까지 사마귀는 메뚜기 요리로 세월을 보냈다.

5.

날개가 자랐다. 날개의 길이가 늘어나면서 메뚜기는 좀 먼 곳까지 날아다녔다. 그때 메뚜기를 기다린 것은 여기 저기 거미줄을 쳐놓은 거미였다. 날다가 거미줄에 걸리면 메뚜기는 발버둥을 쳤다. 그럴수록 온몸에 끈적끈적한 거미줄이 더 달라붙었다. 그때쯤 서둘러 거미가 나타나 날카로운 이를 메뚜기의 몸에 박았다. 발버둥을 치던 메뚜기는 온몸의 힘이 빠져 축 늘어졌다. 거미는 메뚜기의 몸을 실로 칭칭 동여매어 저장을 하였다. 은빛으로 반짝이는 거미줄은 메뚜기, 잠자리, 나비를 잡는 아름다운 함정이었다.

6.

옅은 갈색의 날개를 자유자재로 날 수 있는 메뚜기는 세상이 좁아보였다. 튼실하게 자란 뒷다리를 튕겨 공중에 오르자마자 날개를 쫙 펼치면, 옅은 녹색의 속 날개가 펼쳐지면서 힘차게 날았다. 간혹 가려는 방향을 급하게 바꿀 정도로 나는 실력이 늘면, 온 세상이 자신을 위해 존재하는 기분이 들었다.

특히 메뚜기 숫놈은 날렵한 모습으로 날아다니며 암컷을 찾았다. 통통하게 자란 암컷이 바라기, 피, 벼의 잎 배면에 붙어서 연한 곳을 먹기 때문에 큰 눈을 집중해야 하였다.

메뚜기 눈은 수백 개의 홑눈으로 되어 있어 여러 사물 사이에서 암컷을 찾아내는데 큰 힘을 발휘하였다. 홑눈의 집합으로 되어 있는 메뚜기 눈은 검은 구름이 움직이는 것처럼 보였다. 헤매다가 찾아낸 암컷에게 이미 다른 수컷이 붙어 있을 때가 있었다. 갈라진 기물을 암컷의 기물에 삽입하고 있었다.

다른 암컷이 눈에 보이면 얼른 자리를 뜨지만, 혼자 있는 암컷이 보이지 않을 때면, 늦게 온 수컷도 다른 수컷의 몸 뒤에 올라붙어 갈라져 있는 기물을 암컷의 기물에 우겨 넣고 빠져나오지 않게 기물의 끝을 옆으로 펼치고 힘을 주었다.

먼저 넣은 녀석의 마음이야 어떻든지 헤아리지 않고, 자신의 몸에서 솟구치고 있는 즙을 사정없이 쏟아 넣었다. 그러고는 암컷과 다른 수컷, 두 녀석이 붙어 있거나, 혹은 떨어지거나 상관하지 않고 다른 암컷을 찾아 떠났다.

다리의 힘과 날개의 힘이 가장 중요하였다. 어떤 녀석은 암컷 한 마리를 만나 두 시간이나 세 시간씩 매달려 다니며 자신의 즙을 모두 쏟아 붓기도 하였다. 암컷을 차지하지 못하고 세월을 보내다가 암컷을 만난 녀석들이었다. 그는 단 한 번의 교미를 하고, 힘을 추스르지 못하여 땅에 떨어져 두더지의 밥이 되기도 하였다. 그러나 뒷다리의 힘이 왕성

하고, 날개가 굳센 녀석은 많은 암컷을 차지하려는 의욕이 충만하였다. 만나는 암컷의 기물에 즙을 넣고 나서, 빨리 떨어져 다른 암컷을 찾아 헤매었다.

7.

여러 암컷과 그를 찾아다니는 수컷의 모습을 바라보던 라지리와 미드리는 서로 다른 길로 날아갔다. 라지리는 벼가 많이 심어져 있는 아래쪽으로 날아갔다. 미드리는 산 그늘이 깊은 위쪽으로 날아갔다. 날아가는 사이에 암컷들이 연한 풀을 갉아먹으며 요염한 자세로 취하고 있었다. 그 주위에는 어디에서 왔는지 여러 마리의 수컷이 암컷의 등에 오르려고 날갯짓을 하다가 빙그르르 돌아 떨어졌다.

라지리는 처음으로 아랫배가 뿌듯함을 느꼈다. 그러면서 앞에 있는 암컷이 새삼 고와 보였다.

'저 등에 오르는 것이 내가 할 일이구만!'

본능적 느낌으로 암컷을 향하였다. 그때였다. 다른 수컷이 달려들면 살짝 피하던 암컷이 등을 돌려대며 기다려 주었다. 여름내 체력 단련을 한 덕분으로 앞다리로 암컷의 등짝을 사정없이 움켜쥐고, 뒷다리로 암컷의 아랫배를 움켜쥐었다. 그러자 암컷의 배가 위로 굽혀 오르면서 기물이 열리기 시작하였다. 라지리는 기다렸다는 듯이 자신의 기물을 그 안에 넣고, 기물 끝을 옆으로 걸었다.

'그래, 이거야!'

생각할 여유도 없이 온몸이 나른한 듯, 둥둥 구름에 뜬 듯, 비몽사몽 사이에 하늘이 빙글빙글 돌았다.

미드리는 지나치는 암컷 등에 오르려고 여러 번 시도하였지만, 암컷이 피하는 자세를 하기만 하면 미끄러졌다. 그러다가 자신의 두 배나 되는 새로운 암컷을 만났다. 눈이 마주쳐도 피하지 않는 것이 마음을 동하게 하였다. 옆으로 다가가서 긴 여름날에 연습한 것처럼, 갑자기 몸을 돌려 암컷의 등에 올라탔다. 암컷도 싫지 않은지 납작 엎드렸다. 몸을 움켜쥐고, 아랫배를 아래로 내리다가 암컷의 기물을 만났다.

겨냥하지도 않았는데, 자신도 모르게 기물과 기물이 합쳐졌다. 암컷의 기물에 들어간 자신의 꼬리를 쑥 집어넣고, 갈라진 양 끝을 힘껏 펼쳐 기물이 빠지지 않도록 한 후, 몸속에 있는 즙을 조금씩 밀어 넣었다. 배에 힘을 주면 기물을 통하여 즙이 암컷 속으로 들어갔다. 그때마다 행복한 비명을 질렀다.

그때 갑자기 몸이 부서지는 통증을 느끼며, 갑자기 어둔 세상이 되었다. 사랑을 하느라 주위를 살피지 못한 사이에 사람의 손이 둘을 움켜쥔 것이다. 손에 잡혀 있던 그들은 금세 빈 병 속으로 옮겨졌다. 푸른 병 안에서도 그들은 서로가 놓을 줄을 몰랐다. 양쪽으로 너무 세게 펼친 미드리의 기물이 암컷의 기물에 박혀 빠지지 않았다. 그 곳에서도 미드리는 아랫배에 힘을 주며 자신을 모두 암컷에 바쳤다. 빈 병 속의 하늘이 빙글빙글 돌아가는 동안 그는 헛소리를 쉬지 않고 중얼거렸다.

"나는 죽어도 좋지만, 이 메뚜기만은 살려 주세요!"

암컷 위에서 날개를 퍼덕이며 소리쳤지만, 그 소리는 병 안에서만 웡웡거렸다.

잠수함 편대 수공 일지

10시 방향에서 잠수함 한 대가 다가왔다. 앞이 날렵하게 생겼다. 소리 없이 다가오는 것이 크루져 미사일을 닮았다. 이상하다. 옆으로 그냥 빗겨 지나갔다. 분명히 레이더에 걸리긴 걸렸을 텐데.

2시 방향에서 잠수함 한 대가 또 다가왔다. 좀 통통하게 생겼다. 둔할 것 같다. 옆을 빙빙 돈다. 살기가 느껴지지만, 쉽게 공격에 나서지 않았다. 옆으로 돌면서 계속 적정을 살피기만 한다. 생긴 것처럼 좀 둔중하다.

정면이다. 12시 방향에서 잠수함 한 대가 다가왔다. 좀 크다. 비행기로 치면 B29 정도 되는 것 같다. 어허, 주위 사면 경계도 없이 달려들었다. 일시에 물속은 흙탕의 아수라를 이루었다.

잠시 후, 시간이 좀 흐르자 윤곽이 드러났다. 메기 세 마리가 죽어가던 잉어를 발발이 찢어놓은 채, 입가심을 하고 있었다. 수염을 쓸어내리고 있었다.

너른 숲 원숭이

1.

"선생님, 저도 이제 나이를 꽤 많이 먹었어요."

"그렇지, 만난 지 참 오래 되었네. 같이 일한 지도 그렇고."

원숭이공화국 '너른숲마을'의 '머루체육사' 상담실에서 마주 앉은 두 원숭이가 대화를 나누고 있었다. 중년의 암놈 원숭이가 노년의 수놈 원숭이를 보며, 어려운 말을 꺼내는 모습이었다.

"선생님, '머루체육사'에서 퇴직하고, 제 체육사를 따로 차리려고요."

"어? 그게 무슨 말이야. 사무장이 나가서 따로 체육사를 만들겠다고?"

"예, 이제 저도 독립을 해야 할 것 같습니다."

"시절도 좋지 않고, 일거리도 한정되어 있는데, 나가서 잘 할 수 있겠어? 요즘 경제 동향도 좋지 않은데."

"제 나이도 있고요. 더 있으면 개업을 못할 것도 같고요."

"함께 운동 기구를 팔며 계속 일하면 안 될까?"

'머루체육사'의 '참다래' 사장은 난감한 표정이었다. 잠시 눈을 감았다가 뜬 뒤, 어려운 부탁을 하듯이 사무장을 바라보았다.

"너무 갑작스럽구먼. 내가 10여 년간 '녹두꽃' 사무장에게 전권을 맡기며 운영하게 한 것은 몇 년이 지난 다음, 체육사를 사무장에게 넘겨주려고 한 것인데. 그리고 그 이야기를 지난번에 완곡하게 전하기도 하였고, 또 사무장이 응락하였는데, 그 몇 년을 기다리지 못하고, 그만 둔다고 하면, 우리 '머루체육사'는 어떻게 운영하나?"

"아예, 지금 저에게 넘겨주시든지요."

"넘겨주려고 마음먹긴 하였는데, 그러기에는 내 남은 날이 너무 길게 남은 것 같아. 우리 원숭이들의 평균수명이 길어지면서, 살아야 할 날이 많이 남은 것도 같아. 내가 일을 넘기고 나면 백수로 지내야 하는데, 그 세월을 어떻게 살아낼까 고민스럽기도 하고, 또 자신도 없어서 말이야."

"그러면 선생님은 그냥 하시던 대로 '머루체육사'를 하세요. 저는 저쪽에 있는 새 건물 주인과 이야기가 되었으니,

이달 말에 그만두겠습니다. 그 동안 사람을 뽑으시든지, 그만 두시든지 결정을 하세요."

"며칠 있다가 다시 한 번 이야기를 나누기로 하지. 어때?"

"그러시지요. 그러나 제 마음이 변하지는 않을 겁니다."

긴 머리를 나폴거리면서 '녹두꽃'이 싱싱하게 매장으로 들어갔다.

2.

'산골마을' 칼국수집에 원숭이 넷이 앉아 음식을 기다리고 있었다. 얼마나 유명한 집인지, 문밖에서 기다리다가 '세 분 들어오세요!' 부르면 들어가고, 남은 사람들은 기다리다가, '네 분 들어오세요.' 부르면 들어가는데도 길게 줄을 서서 기다렸다. 오래 전에 지은 건물이라서 좁은 골목을 지나, 삐거덕거리는 나무 계단을 올라, 아직 치워지지 않는 상 앞에 앉아서 기다렸다.

"고민이 있어, 자문을 좀 받으려고 합니다."

'머루체육사'의 '참다래' 사장이 말문을 열었다.

"잘 나가는 것 같던데, 고민은 무슨 고민?"

너른들체육연구원 '종소리' 원장이 급히 끼어들었다.

"아니, 이상한 소문을 듣긴 들었는데."

너른들신문사 '어진돌' 논설위원이 고민을 알고 있는 투였다.

"한 번 풀어놔 보세요. 술 한 잔 하면서 대화를 나누시지요."

너른들체조협회 '큰나무' 회장이 정감 있게 말하였다.

상 위에 널브러져 있던 그릇들이 깨끗이 치워지자, 수육 한 접시, 두부두루치기 한 접시와 막걸리 한 동이가 상 위에 놓여졌다. 이어 비지 한 그릇과 김치 장아찌 깍두기 등이 자리를 잡았다. 동이 위에 떠 있는 작은 바가지를 집어 잔에 막걸리를 채운 후, 각각 한 잔씩 나누었다. 누구랄 것도 없이 잔을 마주 대며 "위하여!"를 외쳤다.

"참! 사무장이 나가 따로 체육사를 차린다며?"

'어진돌' 논설위원이 먼저 대화의 물꼬를 텄다.

"그런다네요."

"그 원숭이는 '참다래' 사장의 학교 제자였다면서? 그래서 오랜 기간 근무하면서 자기 일처럼 열심히 일하였다면서? 그런데 왜 따로 나가나? 사제 간에 무슨 서운한 일이 있었나? 다른 일도 아니고, 똑 같은 일을 할 터인데, 좁은 바닥에서 일을 나누어 먹으면 어쩌겠다는 건데?"

"모르는 원숭이들 사이에도 상도덕이라는 것이 있고, 그것을 지켜야 하는데. 어차피 독립을 하면, '머루체육사'의 일을 빼앗아가겠지, 다른 '큰다리' 체육사나, '방패연' 체육사에서 하던 일들을 빼앗아 가는 일은 도저히 불가능할 텐데?"

"식당 종업원이 나가서 식당을 차릴 때에도 다른 구역이라면 몰라도 같은 구역에서는 개업하지 않는 게 상도덕인데!"

"그 '녹두꽃'이 나가서 체육사를 차린다는 것은 원숭이 사회의 상도덕에 비추어도 말이 안 되는 짓거리인데."

말을 주고받던 '어진돌' 위원이 막걸리 잔을 채워 쭉 마셨다.

"욕심이 과하면 법도 어기는데, 상도덕쯤이야 요즘 원숭이들에게 문제가 되나요?"

너른들체육연구원 '종소리' 원장이 조용히 응대하였다.

"언뜻 들리는 소문에 2015년부터 누가 부추겼다고 하던데. 너른숲체육회 '찔레가시' 회장놈이 꼬드겼다던데. 체육회에서 구입하는 기구들을 모두 구입해 주겠다고, '머루체육사'에서 나와 독립하라고. 셋이 술 마시던 원숭이가 말하더라구. 우리 술타령 멤버이기도 한데."

"그 이야기는 저도 들었습니다. '녹두꽃' 사무장이 직접 말을 하더라고요. 그래서 왜 그때 나가서 차리지 않았느냐고 했더니, 원숭이 스포츠맨답지 않은 '찔레가시' 밑에 가서 일하느니, 선생님 밑에서 일하는 것이 좋겠다고 판단을 했다는 거예요. 그래서 한 2년 잘 지냈는데, 그 병이 다시 도진 것 같습니다. 사실 저는 사무장이 우리 일을 나누어 간다거나, 남들이 걱정하는 말처럼 우리 일을 많이 빼앗아간다고 하더라도 괜찮은데요. 그 '찔레 가시'와 연결되는 것이 걱정입니다. 그 녀석은 하나를 주면 둘을 받고야 마는 더러운 성미인데, 주고받는 것이 없으면 아무 일도 하지 않는 계산꾼인데, 주판을 놓다가 선거에서 실패한 정치꾼인데, '녹두꽃'을 도와주겠다고 하면 무엇인가 요구할 터인데, 그것이 무엇인가는 뻔하기 때문에 걱정스럽지요."

"하긴 그 놈은 바이아그라가 나오던 젊은 시절부터 사 가지고 다니면서 아는 원숭이들에게 나누어 주기도 하였지. 나도 몇 번 받았지. 그러면서 주위에서 만나는 암놈들은 가리지 않고 섭렵했다고 지가 스스로 소문을 내고 다녔으니, '참다래' 사장 걱정도 무리가 아니지. 오랜 기간 함께 일했던 제자이니, 걱정이 더 크겠지."

"아니, 정치를 한다고 돌아다니는 원숭이가 그런 짓을 할까요?"

"정치는 무슨 정치! 그냥 바람이 불면 당선되기를 바라는 요행꾼이지."

"정치를 한다고 소문내는 것이 경제적으로도 이익이랍니

다. 선거에 나설 사람이 밥을 사면 안 되는 법이 있다네요. 그래서 밥을 사지 않고 계속 얻어먹을 수 있다고 좋아하던데요."

"어떤 행사에 가서 성금을 내는 것도 무슨 법에 걸린다면서, 한 푼도 안 낸다네요. 대중 앞에서 소개를 받는 것이 신난다고 하는 소리를 들었지요."

"워낙 '찔레가시' 같이 계산에 도가 튼 원숭이들은 일부러 정치를 한다고 그러데요. 그러면 돈을 쓰지 않고도 얻어먹을 수가 있고, 선거운동원들에게도 봉사를 강요할 수 있다는데요. 웬일인지 모르지만 그 원숭이놈 선거운동원으로 활동했던 분들은 하나같이 모두 떠난대요. 그 놈이 선거법으로 잡혀 들어갔을 때, 선거운동원들 이름을 모두 불어서 감형을 받았다는 소문도 있어요."

"그래요. 그래서 선거운동원들이 모두 벌금을 물었대요. 그 뒤부터는 모두 등을 돌려서, 선거 때만 되면 선거 운동원이 새로 바뀐다고 합니다. 아무도 믿고 따르는 원숭이들이 없대요."

"그런 이야기를 여러 원숭이에게서 듣긴 들었지요."

술잔을 돌리느라고 이야기가 끊어지다가 이어졌다.

"아이고, 공연히 저희 사무실 이야기를 꺼내어 송구합니다."

막걸리 몇 잔과 빨간 두부두루치기를 다 먹었다. 그릇에 남은 빨간 두루치기 국물에 칼국수까지 말아먹었다. '참다래' 사장이 무안한 듯 자리를 털고 일어섰다. 넷은 물수건으로 땀을 닦으면서 삐거덕거리는 나무 계단을 통해 밖으로 나섰다.

3.

"선생님, 제 퇴직금은 한 푼도 없지요?"

"몇 년 퇴직금을 가불하였잖아. 오히려 약간의 금액을 물어내어야 할 터인데, 그런 것은 따지지 않기로 하지. 그런데, 정말 꼭 나가서 체육사를 차려야겠어? 체육기구 파는 업계는 어차피 사양 산업이고, 우리 함께 힘을 모아도 잘 헤어나갈 수 있을지 걱정인데."

"어떻든지 새로 시작할 거예요."

'머루체육사'의 상담실은 전과 달리 약간 가라앉은 분위기였다.

"사무실 얻을 계약금 융자도 힘들다면서?"

"그러네요. 제 신용 등급이 100만원도 못 얻을 정도로 바닥인 것을 처음 알았어요. 직원으로 있을 때에는 급여를 저당 잡히고 융자를 얻을 수 있었는데, 새로 사업을 시작하고, 퇴직을 하게 되면 그 융자를 얻을 수 없다네요. 가불한 퇴직금은 딸애 자취방 보증금으로 주고 말았더니, 한 푼도 없어요."

"그래서 어떻게 하려고?"

"막막해요. 구청에서 체육사 등록증도 받았구요. 그 주소로 사업자 등록도 하였는데 정말 힘드네요. 보증금을 주어야 문을 열 수 있는데, 보증금의 반에 반도 수중에 없네요."

"힘들 때 도와주던 언니에게 부탁을 해보지."

"그건 안 돼요. 언니도 갚아야 할 빚이 있거든요."

"공무원으로 퇴직한 큰오빠에게 좀 부탁해보지."

"퇴직금을 꾸어 줄 위인도 못 되지만, 올케 눈치 보느라 어림없을 거예요."

"그럼 집을 저당 잡히면 될 터인데."

"남편이 펄쩍 뛸 건데요."

"아니면, 논이 하나 있다면서, 그것을 팔든지."

"그것도 남편 이름으로 되어 있는데, 아마 저당 잡혔을 거예요."

"그러면, 오피스텔 하나 세를 준 것이 있잖아. 그것을 팔든지."

"요즘에는 사겠다는 사람도 없다네요."

뚜렷하게 해결할 방도가 없는지 '녹두꽃' 사무장이 고개를 숙인 채 매장으로 들어갔다. 긴 머리를 휘날리면서 드나들던 기백은 어디론지 사라졌다.

4.

소문을 듣고, 젊은 시절부터 선후배로 가깝게 지낸 여류골퍼 두 분이 '머루체육사'를 찾았다. '자운영' 프로와 '맑은 물' 고치였다. '머루글방'에서 운동기구도 여러 번 구입하였고, 좋은 실력으로 상을 받기도 한 두 골퍼였다. '머루체육사' 상담실에 '참다래' 사장과 반갑게 마주 앉았다. 회사에서는 사장이지만 체육 단체의 회장을 맡고 있는 '참다래' 사장에게 두 골퍼는 회장이라 호칭하였다.

"회장님, '녹두꽃' 사무장이 그만두고, 자기 체육사를 차린다면서요?"

"그러겠다고 요즘 며칠 밖으로 돌아다니네요. 개업할 장소는 우리 사무실 가까운 데에 있는 건물로 정한 것 같고요. 구두로 계약을 했는데, 보증금을 내기 위해서 은행을 찾아다니며 융자를 얻으려고 하는가 봐요."

"얼마인데요?"

"계약금 3,000만원에 매달 50만원씩이라네요."

"여기에서 오래 근무하였으면서 그 돈도 없나요?"

"남편이 일을 놓고 지낸 기간이 꽤 길어요. 집안 살림도 혼자 하다시피 하였대요. 그리고 딸 셋의 교육비도 혼자 부담하였는데, 대학까지 보내느라 힘들었을 겁니다. 대학 학비를 낼 때에는 월급을 가불하기도 하였고, 차를 바꾸거나, 사는 집을 손 볼 때도 가불을 한 걸 보면 넉넉하지 못 했던 거 같아요."

"회장님께서 많이 도와 주셨다고 들었는데요."

"그렇지도 않아요. 어차피 지급해야 할 급여를 조금 앞당겨서 지불한 것인데요. 저도 마이너스 통장을 쓰고 있어서 큰돈은 어렵지요. 어떨 때는 작은 돈을 융통하기도 힘들 때가 있기도 해요. 그러나 본인보다 힘들기야 했겠습니까? 가난하였지만 좋은 엄마였고, 그래서 그런지 아이들도 착한 심성을 지녔더라구요."

"회장님이 어떻게 아셔요?"

"우리 사무실에서 가끔 아르바이트 학생을 쓸 때, 용돈을 줄 겸 불러서 일을 시키기도 하였지요. 다른 데에서 하는 알바보다 두세 배를 주었지요. 착하게 열심히 일을 하더라구요."

"아이고 고마우셔라. 애들 장학금도 주셨다면서요?"

"장학금은 제 돈으로 도와준 것이 아니고요. 제가 한미르 장학재단 이사로 있잖아요. 그 재단에서는 매년 이사 한 사람마다 고등학생 1명씩을 추천하라고 합니다. 먼저 큰 딸을 추천했지요. 그런데 그 학교가 '너른숲'이 아니고 '호나미' 마을에 있어서 좀 어려웠는데, 제가 이사장님께 부탁을 하여 장학생으로 선정되었습니다. 장학재단에서는 1년 수업료를 아이 통장에 넣어 주지요."

"큰 힘이 되었겠어요."

"작은 힘은 되었을 겁니다. 둘째 딸도 언니와 같은 학교였는데, 어렵지 않게 장학생이 되어 1년 학비는 걱정하지 않아도 되었지요. 셋째 딸은 '너른숲'에 있는 고등학교였어요. 장학증서 수여식에는 '녹두꽃' 사무장이 갈 수 없는 형편이어서 내가 데리고 가서 사진도 찍어주고 그랬지요. 지난 일들일 뿐이지요. 기억이나 할는지 모를 만큼 세월이 흘러갔네요."

"그게 어디 쉬운 일인가요? 스승과 제자가 같이 일을 하니까, 아름다운 모습이 그려졌을 터인데, 이제 갈라서면 서로 경쟁을 해야 되잖아요. 마음이 서운하시겠어요."

"서운하지요. 그러나 서운한 마음을 표현하지 않으렵니다. 사랑하는 아버지 어머니도 돌아가시면 어쩔 수 없이 헤어지잖아요. 하물며 남인 데야 언젠가는 헤어지게 마련이지요. 마음을 범상하게 가져야지요. 독립하면 스스로 잘 헤쳐 나가겠지요. 아마 잘 할 겁니다. 여기에서 일만 한 것이 아니고, 10년 이상 저 대신 운영을 했기 때문에 많은 경험이 되었을 겁니다. 또 우리 체육사의 인맥이 나보다 '녹두꽃' 사무장에게 쏠려 있어요. 통로인 전화번호도 모두 사무장과 연결되어 있어서 큰 도움이 될 겁니다. 사실은 내가 어떻게 일을 추슬러 나갈지 그게 걱정입니다."

"그걸 노렸을 거라고 추측하는 분들도 있어요."

"추측이라니요? 무슨?"

"사무장이 전권을 행사하였기 때문에, 자신이 떠나면, 어쩔 수 없이 '머루체육사'는 문을 닫을 것이다. 그러면 맺어온 인맥들을 자신이 관리하였기 때문에 자신의 체육사로 끌어들일 수 있을 것이다. 이런 속셈이 깔렸다는 거예요."

"그렇게까지 영악하지는 않을 겁니다. 욕심은 크지만."

"한 길 사람 속은 모른다고 했어요."

"그래도 나는 그렇게 생각하지 않을래요."

"그리고 너른숲체육회 '찔레가시' 회장이 돕기 때문에 승승장구할 거라고 하는데요."

"그 이야기, '찔레가시'가 돕는다고 한 이야기는 '녹두꽃'에게서 직접 들었고, 대화를 나눌 때 같이 있었다는 원숭이를 통해서도 들었기 때문에 사실일 겁니다. 도와주는 원숭이가 있어야 그 애도 먹고 살지요."

"그런데, 오래 전에 '찔레가시'가 '녹두꽃'에게 껄떡대더라는 소문들이 있었어요."

"그래요? 그러나 성인들끼리 하는 일들이니, 남들이 뭐라고 하긴 그렇잖아요."

"회장님, 그렇지 않아요. 반반한 암놈들에게는 그 뭐야. 말하기도 부끄럽네요. 그 왜 있잖아요. 바이아그라라나 뭐라나. 그런 것을 암놈들에게 보여주면서 이상한 눈짓을 한대요. 어디로 가자구도 하구요."

"떠도는 이야기겠지요."

"어떻든 기분 나쁜 놈이긴 해요. 음흉해 보이기도 하고."

"어떤 원숭이가 돕든지, 저하고는 상관이 없는 일이라고 생각합니다. '녹두꽃'도 일거리가 있어야 먹고 살지요."

"먹고 사는 것이 문제가 아니라, '머루 체육사'를 삼켜 버릴지도 모른다고 입방아들을 찧는대요. 지금. 회장님은 잘 모르시는가 봐요."

"그냥 모르고 사는 게 행복하지요."

"그래도 '찔레가시'가 '녹두꽃' 곁에 있다는 것은 달갑지 않아요."

"왜요?"

"사실 실력도 없는 '찔레가시'가 정치하는데 필요한 약력이라고 하여, 체육회 회원으로 만들어 주신 분이 회장님이시잖아요."

"그렇게 볼 수도 있고요."

"저도 법인이사를 맡기도 하고, 심사위원을 맡기도 해서 어느 정도는 아는데요. 국제스포츠상도 실력이 되어서 준 게 아니고, 정치를 하는데 도움이 될 거라고 본인이 달라고 졸라서, 사실 귀찮아서 시상한 것이잖아요."

"그렇게 볼 수도 있고요."

"또 골프경기 때 '골프발전공로상'도 정치를 하는데 이력사항에 도움이 된다고 떼를 써서, 우리가 이사회를 통과시켜 준 상이잖아요."

"그렇게 볼 수도 있고요."

"또 지도자 인증서도 그렇잖아요. 대회 점수가 모자라는데, 회장님께서 그 하위 등위까지 인증서를 줄 수 있도록 시상내역을 확대하게 수정하여 준 것이잖아요. 자격도 안 되는 작자가 요즘에는 대가로 행사를 한대요."

"그렇게 볼 수도 있고요."

"너른숲체육회 이사도 회장님께서 추천하여 참여하게 되었잖아요."

"그렇게 볼 수도 있고요."

"너른숲체육회 회장은 어림없는 풋내기인데, 회장님께서 추천하셔서 상대후보 없이 당선되었잖아요."

"그렇게 볼 수도 있고요."

"그런 은혜를 입었는데. 회장님의 '머루체육사' 핵심 실무자를 빼내가는 심보가 무엇이래요?"

"그것은 나도 모르지요. 나에게 서운한 것이 있는가 보네요. 아님, 두 원숭이 사이에 무슨 밀약이 있거나요."

"회장님, '찔레가시'는 정치성을 너무 띠었어요. 정치가들이 그러잖아요. 표를 달라고 할 때는 굽실거리면서 부탁하고, 당선이 되면 못 본 체 하고요. 그렇게 의리 없는 원숭이를 회장님께서 너무 키우셨어요. 그래서 고마움과 은혜를 모르는 '엇부르기(길 들이지 않은 소)'처럼 지 맘대로 하는 거예요. 언젠가는 회장님도 당하실 수 있어요."

"그렇게 볼 수도 있고요."

"저도 들었어요. 은혜도 모르고, 이제는 회장님을 적대시한대요. 자신이 '참다래' 때문에 회장이 된 줄 아느냐고 큰소리를 친대요."

"그럴 수도 있고요."

"그래도 회장님은 아무렇지도 않아요? 회장님은 뼈도 없고 밸도 없어요?"

"예. 오래 전에 쓸개는 없어졌고요. 뼈도 이제 물렁물렁한 나이가 되었지요."

"아직 팽팽하신데요. 왜 그러세요?"

"그 사람의 업보는 우리가 갚거나 벌을 주는 것이 아니고, 저 높은 곳에 있는 분이 판단할 문제입니다. 우리는 오늘 차 맛이나 보면서, 서로 만난 인연을 소중하게 생각하며, 아름답게 가꾸어 가면 되지요."

커피를 마시고, 다시 이야기를 하는 사이에 녹차도 한 잔씩 더 하면서 걱정 반, 웃음 반으로 상담실의 분위기는 화기애애하였다.

5.

"선생님, 어떻게 하지요?"

"왜, 무엇이 잘 되지 않아?"

사무장 '녹두꽃'의 얼굴에 핏기가 없어졌다. 잠도 잘 못 잤는지 푸석푸석한 얼굴로 마주앉았다. 상담실 분위기는 안개가 끼어 있었다.

"도저히 계약금을 마련하지 못 하겠어요."

"그럼, 어떻게 하려고?"

"답이 없어요. 그냥 선생님 밑에 있고 싶어도, 이제는 안 되잖아요. 제 후임을 뽑아 놓으셨잖아요?"

"그랬지. 네가 가면 일할 사람을 구해야 하니까, 내 코가 석 자라서 서둘렀지. 마침 좋은 사람이 있어서 우리 식구로 받아들였지. 스포츠를 고등학교에서 전공하고, 대학에서도 전공했다네. 그리고 실무도 11년이나 되어서 어떤 일을 맡겨도 될 것 같아. 내 걱정은 말고 새로 시작한 사업이나 잘 해보라구."

"선생님!"

"왜 그래?"

"그렇다고, 제가 말씀을 드리자마자, 기다렸다는 듯이 사람을 뽑는 게 어딨어요? 제가 떠난 다음에 해도 되었잖아요. 이제 저는 오도가도 못 할 처지에요."

"왜 그래? 무슨 일이 있어? 그런 소리 하지 말고 처음 먹은 마음처럼 다부진 생각을 가져야 해. 어렵다고 하면 어려운 일이 되고, 쉽다고 하면 쉬운 일이 되는 거야. 세상 마음먹기에 달렸다는 말도 있지 않더나!"

"비빌 언덕이 있어야 비비지요."

"그럼 이렇게 하자. 사실 나도 마이너스 통장을 쓰고 있긴 하다. 너도 알잖니?"

"잘 알지요. 선생님 사정은요."

"그래도 내가 네 보증금을 이자 없이 꾸어 줄 테니, 그 돈으로 사업을 시작해라."

"선생님 일거리를 제가 가져갈지도 모르는데요. 그래야 저도 먹고 살 텐데요. 어떻게 선생님께 돈을 꿀 수 있어요. 죄송해서 그렇게는 못해요."

"그러면 내가 인터넷에 있는 양식을 찾아서 차용증서를 쓸 테니, 그 차용증서대로 나중에 갚아. 그러면 되지 않겠어?"

"차용증서를 쓰신다구요. 그러면 모르겠어요."

"이따 저녁 때 차용증서를 프린트해 놓을 테니까, 도장을 찍고 퇴근해라. 도장을 찍어 놓으면, 내일 출근하여 바로 입금하마. 더도 아니고, 덜도 아니고, 꼭 보증금만큼이다. 그 돈은 나에게도 마이너스 통장 빚이다. 사업 잘 해서 갚아야 한다."

"선생님, 고맙습니다."

핼쑥하던 '녹두꽃'의 얼굴에 붉으스레 홍조가 띠었다. 그 모습을 바라보던 '참다래' 사장도 작은 미소를 지었다. 그러나 통장에 찍힐 마이너스 금액을 요량하느라 눈빛이 약간 흐려졌다.

6.

저녁 무렵 '머루체육사' '참다래' 사장은 차용증서 2장을 프린트해 책상 위에 놓고 퇴근하였다. 매장을 거쳐 퇴근하면서 '녹두꽃' 사무장에게 "퇴근 전에 내 책상 위를 살펴봐라." 일렀다.

차 용 증

채권자 : 참 다 래 (123456-1234567)

원숭이 공화국 너른숲 '머루체육사' 대표

010-4242-0982

채무자 : 녹 두 꽃 (654321-2345678)

원숭이 공화국 너른숲 '일어나라체육사' 대표

010-2056-6854

일금 삼천만원정(₩30,000,000)

위 금액을 정히 차용하고 아래 조항을 이행할 것을 확약합니다.

1. 이자는 0%로 정하고, 지급시기와 지급액은 채무자 자율로 하며, 아래 통장으로 수시 입금하기로 정함.

(00은행 19037-65-190373 참다래)

2. 원금의 전액 변제기일은 약정한 날로부터 2년(2018년 8월 2일까지)으로 정함.

2016년 8월 2일

채권자 참 다 래 인

채무자 녹 두 꽃 인

아침에 출근해 보니, 두 장의 서류에 도장이 찍혀 있었다. 이자를 받지 않겠다는 단서, 그리고 후일 이행하지 않을 때의 법적인 절차 등이 생략되어 조금은 엉성한 증서였다. 증서의 내용을 다시 한 번 읽어본 '참다래' 사장은 컴퓨터를 열고 '녹두꽃'의 통장으로 차용증서의 금액을 입금하였다. 미묘한 미소를 띠고 매장으로 향하였다. '녹두꽃'에게 엄지손가락을 들어 입금했음을 알렸다.

입금한 날부터 '녹두꽃'은 바빴다, 임차한 사무실을 정리하고, 필요한 물품을 구입하느라 아직은 '머루체육사' 직원이면서도 자주 자리를 비웠다.

7.

그러니까, 공식으로는 8월 말일이 퇴직일이었지만, '녹두꽃'은 새로 낸 사무실을 준비하느라 자주 자리를 비웠다. 그 모습을 보던 '참다래' 사장이 '녹두꽃'을 불렀다.

"이제 준비는 거의 다 되어 가나?"

"선생님 덕분에 잘 준비되고 있습니다."

"우리 사무실에 근무할 날짜는 며칠 남았지만, 마음이 떠났으니, 내일부터는 그 곳으로 출근하여 사업을 잘 해보게."

갑자기 '녹두꽃'의 눈빛이 반짝 빛났다.

"선생님, 그래도 돼요?"

"그래. 처음 하는 자기 사업이니, 잘 해라."

"알았습니다. 선생님도 들러서 지도해 주세요."

"잘 하리라 믿고, 나는 조용히 내 일이나 하련다."

"그래도 다녀가셔요."

"아니, 갈 일이 없을 거다. 내가 찾지 않는다고 서운해 하지 말아라. 오히려 참견하지 않아서 마음 편할 거다. 잘 가라. 네가 가기 전에, 내가 이 서류를 선물로 주겠다. 하나는 우리 둘이 작성한 차용증 중에서 내가 보관했던 1장이고, 또 하나는 다음날 네 계좌로 송금한 '이체확인서' 복사본이다. 사실 보증금을 그냥 준다면 받지 않을 것 같아서 작성한 차용증이니 나에게는 필요 없는 종이에 불과하다."

"예?"

"또 한 장은 차용증에 있는 금액을 받지 않을 터이니, 사업을 잘 해서 승승장구하기를 비는 내 마음을 기록한 편지다. 이제 사장이니, 사업을 성공하는 것만이 네가 할 일이다."

"네, 열심히 하겠습니다."

월말을 며칠 남기고 건네는 편지지만, 차용증서를 작성하던 날에 함께 써놓은 것이었다. '녹두꽃'이 그 편지를 읽어내려 갔다.

아끼고 사랑하는 제자 녹두꽃에게!

네가 고1때(17세) 사제(師弟)로 만났으니, 32년이란 세월이 흘렀구나.

10여 년은 운동에 집중하기도 하고, 생활인으로 자리 잡고 지내다가, 1997년에 '체육사'에서 만나 20년 가까이 지났다.

세 자녀(세 딸)를 양육하느라, 가정을 책임지느라, 언제나 목마른 너를 보면서 장하기도 하고 안타깝기도 했다. 퇴직금을 당겨서 아이들 수업료를 납부하기도 하고, 다시 당겨서 아이들 주거를 위한 임차보증금을 마련하는 모습이 짠했다.

아끼고 사랑하는 제자 녹두꽃아!

아이들도 어느 정도 성장하였기 때문일까, 지천명(知天命, 50세)을 앞두고 홀로서기를 하려는 너를 보면서 걱정이 앞섰다. 같이 있으면 조금쯤 힘이 될 수도 있지만, 멀어지면 그만큼 어려울 것 같았다.

나처럼 무모(無謀)하였는지, 무일푼으로 체육사를 차리려는 너에게 작은 힘이 되고 싶었다. 적어도 임대 보증금은 내가 맡고 싶었다.

그냥 주면 받지 않을 것 같아 '차용증'을 작성하자고 하여 입금하였다. 열심히 일하여 성공하기를 기원하는 뜻이기도 하였다.

사랑하고 아끼는 제자 녹두꽃아!

그 생각이 바뀌었다. 크지도 않은 금액을 갚기 위해, 네 마음에 얹혀 있을 돌덩이를 내려주기로 하였다. 자칫 건강을 해칠까, 걱정이 더 컸다. 차용증에 있는 금액은 갚지 않아도 된다. 그래서 이 서신을 작성하였고, 네가 떠날 때 이 서신과 '차용증' '이체명세서'를 넘기기로 하였다.

새로운 꿈과 희망으로, 체육사 경영이 성공하기를 기원한다.

— 오랜 인연을 아름답고 감사한 마음으로, 참다래 총총 쓰다.

2016년 8월 2일 **참 다 래**

편지를 읽고 난 '녹두꽃'이 눈물을 흘렸다. 어깨를 들썩이며 울다가 '참다래'의 가슴에 파고들며 흐느꼈다. 처음으로 제자 '녹두꽃'을 안은 채, 가녀린 어깨를 다독였다. 딸을 시집보낼 때 흘리던 눈물처럼 진한 감회가 묻어났다. 눈물을 감추면서, '참다래' 사장은 상담실 문을 나섰다. 더운 여름의 공기가 얼굴을 감쌌지만, 마음만은 서늘하였다.

나도 할 수 있었는데

원숭이 공화국 '너른숲'의 텃밭에 가느라 새벽에 판암동 4거리를 지났습니다. 가오동에서 철길 아래 터널을 지나면 판암동 4거리가 나옵니다. 우회전을 하기 위하여, 지나는 차량을 살피다가, 횡단보도 중간에 주먹보다 좀 더 큰 돌이 하나 떨어져 있는 것을 보았습니다.

무심코 우회전하여 밭으로 향하였습니다. 주산동 밭에서 돌아오는 길에는 좌회전을 하면서 그 돌을 다시 보았습니다. 혹여 차바퀴에 튕겨나가면 큰일이 날 것 같다는 생각이 들었지만, 신호에 따라 지나쳐야 했습니다.

다시 삼성동으로 향하는 출근길, 좌회전 신호를 받아 지나치려는데, 마침 적색 신호등이 들어와서 멈추어야 했습니다. 넘어진 김에 쉬어 가라는 말이 있지요. 그래서 그 돌을 주워야겠다고 생각하고 차문을 여는데, 배낭을 짊어진 어르신 한 분이 지나다 그 돌을 주우셨습니다. 한 손으로 들기에는 좀 컸는지, 두 손으로 들어 올린 채 녹색 신호등을 따라 횡단보도를 건너셨습니다. 할일을 잃어버린 사람처럼 우두망찰 바라보다가, 나도 몰래 머리를 스치는 깨달음이 있었습니다.

'나도 주울 수 있었는데. 나도 할 수 있었는데….'

다람쥐 설맞이

1.

다람쥐 5형제가 한 마을에서 살았습니다. 잘 사는 형제도 있고, 좀 어렵게 사는 형제도 있지만, 오순도순 우애를 나누며 살았습니다. 경인년 새해가 밝았습니다. 설날을 맞아 '마을 주민 한마음 잔치'를 열기로 가족회의에서 정하였습니다. 맏이는 양지뜸 이웃들에게 연통을 하고, 도토리 열 바가지를 내놓기로 하였습니다. 동생들은 집 근처의 이웃에게 연락을 하고, 수준에 맞게 조금씩 보태기로 하였습니다.

큰 아들네는 양지뜸의 가장 큰 집에서 잘 살고 있을 뿐더러, 장손은 대대로 종친회에서 도와주고, 동계(洞契)에서도 추렴을 하여 모아 주기 때문에 부잣집 살림살이가 아주 넉넉하였습니다. 둘째는 다섯 다랑 밭을 무대로 양식을 구하기 때문에 큰 책임을 맡기가 좀 어렵습니다. 셋째는 자수성가를 위하여 열심히 노력하다 보니, 이제 좀 허리를 펴고 있는 중입니다. 넷째는 근근이 살고 있습니다. 다섯째는 바른말을 자주 하느라 모을 새도 없이 삽니다. 그래도 부모를 중심으로 다섯 형제가 뜻을 모아 마을 잔치를 하기로 하였습니다.

2.

마을 주민들은 경사가 났다고, 마을이 생긴 이래 처음 있는 일이라고, 환영 일색이었습니다.

"부잣집은 확실히 달라."

"그럼, 자식들도 얼마나 잘 두었다고."

"매년 추렴하여 바쳐도 아깝지 않아!"

"고마운 마음으로 잔치에 참여하세 그려."

"우리하고는 뭔가 좀 다른 것 같아."

이구동성으로 마을 잔치를 기다렸습니다. 새해를 맞아 벌일 잔치를 기다렸습니다.

그런데, 좋은 일에는 마(魔)가 끼게 마련인가 봅니다. 큰아들이 '마을 주민 한마음 잔치'에 참여하지 않겠다고 선언을 하였습니다.

"너희들도 가면 안돼!"

자녀들에게도 잔치에 가지 말라고 대못을 쾅쾅 박았습니다. 마을 잔치를 여는 통지문을 읽어 보니, 자신을 너무 무시했다고, 입이 다섯 자 세 치쯤 나와 있습니다. 둘째, 셋째, 넷째, 다섯째하고 똑같이 이름을 올릴 수 있느냐며 툴툴거립니다. 부모님 이름과 자기 이름만 넣어야 하는데, 동생들 이름을 넣은 것이 못내 서운하여 발걸음을 뚝 끊었습니다.

네 형제는 어이가 없었습니다. 맏형이 사는 양지뜸은 마을도 가장 큽니다. 형이 이웃들을 초대하지 않으면, 잔치를 여는 일도 쉽지가 않습니다. 그래서 네 형제는 형을 찾아가서 머리를 조아렸습니다.

"형님, 같이 하시기로 하고, 이제 그만 두면 어찌합니까?"

"너희들끼리 해라!"

"마을 어른들도 다 기다리시는데요."

"그러거나 말거나."

"그렇게 하면, 우리 형제들 얼굴이 어떻게 되겠습니까?"

"그러거나 말거나."

큰 아들은 한술 더 떠서 자녀들을 불러 회의를 열었습니다. 자녀들 중에 한 명도 '마을 주민 한마음 잔치'에 가서는 안 된다는 것을 강조하였습니다. 양지뜸 이웃들을 만나서도 가난뱅이들이 하는 잔치에 먹을 것이 뭐가 있겠느냐며 참석하지 말라고 극구 말렸습니다.

그래도 형제들은 열심히 준비하였습니다. 가을에 주워 온 알밤도 내놓았습니다. 숨겨 두었던 상수리도 찾아냈습니다. 음지뜸 풍물패에게 부탁하여 잔치 시작부터 풍악을 울리도록 약조를 받았습니다. 그리고 집집마다 찾아 다녔습니다.

"작은 정성으로 준비하였지만, 꼭 오십시오."

"그럼, 고마운 일이지."

"어른들이 참석하셔서 덕담을 나누어 주십시오."

"그럼. 마을 생긴 이래 처음인걸."

형제들은 머리 숙여 초대를 하였습니다. 마을 주민들도 고마워하며 손을 잡았습니다.

3.

잔칫날이 밝았습니다. 마을 어르신부터 아이들까지 삼삼오오 모였습니다. 밝은 웃음으로 새해 덕담을 나누었습니다. 풍물패에 맞추어 어깨춤을 추었습니다. 속 좁은 맏아들만 자기 집 문을 닫고 자녀들과 함께 꾸역꾸역 점심을 먹었습니다.

"벌써 치매가 들으셨나?"

"동계(洞契)에서 도와주는 데도 저러시니, 원!"

"가실 때 도토리 자루까지 들고 가시려나?"

"이제 갑순이 얼굴을 어떻게 보아야 하나!"

"건너 마을 장인어른을 어떻게 뵈어야 하나!"

일부는 투덜거리며 수저를 놓고 방을 나왔습니다. 며느리도 거들었습니다. 훤칠하게 큰 막내도 입을 비쭉거렸습니다. 몇 년 전에 장가를 들은 셋째도 아내를 바라보며 미간(眉間)을 찌푸렸습니다.

풍물패가 집집마다 찾아다니며 안택(安宅)을 빌었습니다. 노을이 지고, 풍악소리가 멈출 때까지 큰 아들네 사립문은 꽁꽁 닫혀 있었습니다. 문틈으로 드나드는 맏아들의 코곯이 소리만 요란했습니다.

덤

"아버지, 저는 어떻게 되나요?"

저녁 식사를 하면서 아들 원숭이가 걱정스러운 표정이었다.

"뭐가 어떻게 돼?"

영문을 모르는 아버지 원숭이가 되받아 물었다.

"승마에서 금메달을 따고 배꽃대학에 합격한 애였는데도 그 애 입학이 취소되었대요?"

"그 애는 엄마가 미운 털이 박혀 구속되어서 그렇지. 그 애 엄마가 잘 나갈 때 너무 빼기고 다녀서 붙잡혀 들어간 거야. 너는 그런 엄마가 없으니 관계없어. 이렇게 아빠와 둘이 살잖니."

아버지는 만면에 웃음을 띠며 장담하였다.

"대신에 그 애는 아버지가 없는데요?"

"그 애는 엄마와 아버지가 이혼한 거고. 너는 엄마가 돌아가셔서 그런 거니까, 근본적으로 다르지. 아무 걱정 않아도 된다."

두 애의 차이점을 너무 확실하게 알고 있는 자신에 스스로 감탄한 아버지가 30만원 이상을 호가하는 양주병을 들고 거들먹거렸다.

"그래도 제가 1류대학에 입학한 것은 고등학교 야구대회에서 최우수상을 받은 '으뜸이'와 한 묶음으로 들어간 거잖아요. 실력도 안 되는 저를 '으뜸이'가 데려간 거잖아요."

"그랬지. 네 아버지가 누구냐! 너희 학교 야구부장에게 석 장 집어주었더니, 너를 한 묶음으로 끼워 넣은 거 아니냐! 이 아비에게 석 장은 껌 값이나 다름없다. 너를 위해서라면 열 장이라도 쓸 수 있다. 내 돈을 내 마음대로 쓰는데 어떤 놈이 뭐라고 하겠냐! 내가 도둑질을 했냐! 아니면 강도질을 했냐! 네 할아버지가 남겨 놓은 땅값이 올라서 돈벼락을 맞았을 뿐인데, 무엇이 문제냐. 아무 걱정 마라. 혹시 네가 잘못 되면 또 몇 장 집어주지 뭐."

아버지 원숭이는 세상에 무서운 게 없다는 듯이 기고만장하며 양주잔을 비웠다.

"아버지 고맙습니다. 지금까지 저는 '으뜸이'의 덤으로 대학에 들어가서, 늘 '으뜸이'에게 고마워하며 기죽어 지냈는데, 아버지 말씀을 들어보니, 아버지 돈으로 대학입학을

산 거네요. 그러면, 이제 '으뜸이'에게 기죽지 않아도 되겠네요."

"그럼, 네가 '으뜸이'의 '덤'으로 입학한 것은 맞다. 그러나, 무임승차가 아니라, 줄 것 다 주고 산 것이라서 공자 '덤'은 아니었다. 기죽지 말고 어깨를 쫙 펴고 살아라. 너에게 준 카드 한도를 팍 높여 줄 테니, 이제부터는 '으뜸이'를 네 '덤'으로 생각해라. 데리고 다니면서 밥도 사주고, 술도 사주면서 네 일을 대신 시키도록 해라. 사람 팔자는 돈에 달렸다. 돈 싫다는 놈 보았냐? 사는 데는 돈이 최고다."

아버지와 아들은 스스로 '덤'이 되었다가, 다른 사람을 '덤'으로 만들었다가, 눈짓을 주고받다가, 서슬이 퍼렇다가, 밤이 이슥하도록 발렌타인 한 병을 바닥내었다.

삼육구 게임

1.

빼쩍 마르고 성깔이 괄괄한 족제비 쿤테가 좌중을 빙 둘러보더니 입을 연다.

"그러니까, 지금 발표한 [염소똥 성분 분석에 대한 일고]는 한 마디로 논평할 가치가 없는 것입니다. 오랜 기간 방대한 자료를 수집하고 정리한 것은 높이 살 일이지만, 우리가 정한 규칙을 지키지 않았어요. 논문을 쓰려면, 먼저 선임박사의 허락을 받고, 그 앞에서 충성 맹세를 하고, 선임박사의 연구 방법에 의해 집필해야 하는데, 그런 것이 전혀 되어 있지 않아요. 이런 논문은 아무리 충실한 자료에 근거한 것이라고 해도 소용없어요. 오늘이라도 선임박사로부터 허락을 받고 다시 제출해야 합니다. 흠!"

그러자 선임박사의 논문을 흉내만 내어 박사가 된 족제비 저열이가 얼른 맞장구를 친다.

"그럼요. 순서를 밟는 것이 무엇보다 중요하지요. 우리는 내용의 중요성도 중요성이지만, 논문 작성을 위한 순서와 절차를 더 중시해야 합니다. 그것이 학문을 하는 자세이고, 또한 에티켓이라고 봅니다. 지금까지 해온 연구 방법, 표현 기법을 꼭 지켜야 한다고 봅니다."

자신이 하고 싶은 말을 앞에서 정리하자, 흐뭇한 미소를 지으며 족제비 쫑구도 한 마디 가세한다.

"학문을 하는 자세 중의 첫 번째가 선배들의 업적을 참고 삼는 것입니다. 혼자 잘났다고, 떠들고 그래봤자, 다 헛것이다, 이겁니다. 새로운 것도 중요하지만, 그 사실이 우리들의 논리에 어긋나면, 그것은 아무런 가치가 없어요. 따라서 쿤테 교수님 말씀처럼 처음부터 순서를 다시 밟으세요. 순서를 정한 것은 지키라고 정해 놓은 것이지, 심심해서 정한 것이 아니란 점을 확실하게 인식했으면 좋겠습니다."

날랍게 족제비 저열이가 또 나섰다.

"교수님, 그리고, 한심씨가 발표한 염소 P는 한심이와 아주 가까운 사이에요. 그러면, 그 논문에는 객관성보다, 주관적 판단이 앞설 게 아닙니까?"

저열이의 말을 기다렸다는 듯이 쫑구가 한 마디 덧붙인다.

"우리 학문을 하는 사람은 대상 선택에서부터 신중을 기해야 해요. 그래서 선임박사와 상의하라고 하는 것 아니에요? 어떻든 논문 작성의 첫 번째는 선배들의 뒤를 따르는 것입니다. 혼자 잘났다고 샛길로 새면 정말 안 됩니다."

쫑구의 말을 얼른 받는 것이 자신의 뛰어난 순발력과 언변인 줄로 아는지, 저열이가 다시 맞장구친다.

"교수님! '삼육구, 삼육구! 삼육구, 삼육구!' 참 '삼육구'도 순서와 룰이 있어요. 그런데 하물며 우리 족제비 예술의 중심인 문학 논문에 룰이 없을 수 있습니까?"

말마다 마음에 드는 말만 골라서 하는 저열이를 바라보는 쿤테와 쫑구의 눈빛은 마냥 따스하기만 하다.

2.

그때, 발표를 하다가 뒤통수를 얻어맞은 한심이가 얼굴이 부운 상태로 반박을 한다.

"다시 말씀 드리지만, 염소 P가 싼 똥은 문필산 상봉에서

부터, 동으로 깎아지른 절벽, 서로는 치술령 고개, 남으로는 연못가에까지 널리 분포되어 있습니다. 제가 직접 관찰하였고, 그 배설물의 특성상 동일 염소의 똥으로 판명되었습니다. 또한 그 배설물을 분석한 결과 염소 P는 싸리순과 칡넝쿨 연한 순을 즐겨 먹고 있었으며, 가끔 자귀나무의 가지를 갉아먹으며 이빨 길이를 해결하는 것으로 판명되었습니다. 그리고…."

눈을 지긋이 감고 있던 쿤테가 한 마디 다시 거든다.

"누가 그것을 모른대요? 사실일 겁니다. 상봉에서 채집한 똥도 틀림없을 테고, 그 분석한 것도 사실일 겁니다. 그러나, 순서를 밟지 않았어요, 순서를! 그리고 선임박사의 형식을 따라야지요. 누가 논문 번호를 '1.1.3' 이런 식으로 매기라고 했습니까? 우리 족제비 문학 연구 논문은 그런 번호를 매긴 적이 없어요. 이런 것도 지키지 않은 논문은 소용없어요. 한 마디로 다시 써서 다음 학기에 제출하도록 하세요."

눈을 아래로 내리깔고 있던 한심이가 고개를 들고 좌중을 빙 둘러보더니 한 마디 덧붙인다.

"좋습니다. 저는 염소똥이 분포한 사실을 통하여, 염소의 생리학적인 면을 확인하고, 나아가 생명체로서의 염소를 연구하려고 했을 뿐입니다. 그러나 논문 번호를 '1장 1절 3항'으로 매기지 않은 것은 제 불찰입니다. 저는 그것이 더 합리적이고, 내용의 위상 관계가 분명해진다고 보았습니다만, 그것이 불찰인 것을 분명하게 깨달았습니다.

또한 저와 가까운 염소를 연구 대상으로 삼은 것도 제 불찰입니다. 가깝고 잘 아는 염소라야 그 염소의 생리, 습성, 행동반경을 쉽게 확인할 수 있었기 때문이었습니다만, 제 생각이 짧았던가 봅니다.

이렇게 불찰과 불찰로 이어지는 것으로 보아, 저는 박사가 될 자격이 없는 것 같습니다. 그래서 박사는 포기합니다. 다만, 제가 채집하고 분석하고 연구한 내용을 책으로는 발간하렵니다. 있는 사실을 연구하고 발표하여 다음 사람에게 참고자료가 되도록 하렵니다. 그렇다고, '1.1.3'으로 표기한 것을 '1장 1절 3항'으로 바꾸지는 않을 것입니다.

훌륭한 박사님들, 그리고 교수님들, 더불어 더 훌륭한 제자님들께서는. 계속해서 순서나 정하시고, 번호나 제대로 매기면서 학자로서의 훌륭한 자세를 지키시기 바랍니다. 선임교수의 방구냄새나 맡으면서 뒤를 졸졸 따라다니시지요."

한심이는 인사를 하고 눈을 똑바로 뜬 채 좌중을 둘러본다. 자료를 들고 문을 나선다. 문을 나서는 한심이의 뒤통수에 대고, 더 많은 한심이들은 중구난방으로 지껄인다.

"저렇게 예의가 없으면, 되나요? 박사님들이 매기라는 번호를 매기면 어디가 덧나나요?"

"그러게 말이에요. 저런 자료를 찾으러 다니느니, 선임박사 등이나 긁을 일이지."

"참으로 명언입니다. 우리 쿤테 교수와 쫑구 박사에게 오늘 한턱 쏘십시다. 정말 멋지게 한방 날린 기념으로 우리가 한잔 사 드립시다."

3.

그 와중에 족제비 한 마리, 딱 한 마리가 머리를 살래살래 저었다.

"현실에 바탕을 둔 진실의 반영이 또 하나 희생당하는구나. 어허라, 공리공론의 총탄에 박살나는구나!"

4.

족제비 마을의 한빛대학교 대학원 박사 과정 논문 심사장의 모습이었다. 그날도 해는 지고, 달은 뜨고, 바람은 예나 다름없이 나뭇가지들을 살랑이고 있었다.

압정 구멍

"김 교수님, 잘 부탁드립니다."

"네, 염려 마십시오."

"이번에는 7명입니다."

"7명은 좀 많지 않은가요?"

"어쩔 수 없이 받아들이다 보니 그렇게 되었습니다. 대략 5명 정도면 편한데, 뒤늦게 한두 명이 추가되어 그러니, 잘 좀 부탁드립니다."

"정원이 15명인데, 7명이면 거의 반이지 않습니까?"

"글쎄요. 조금 많기는 한데, 이제는 어쩔 수 없습니다."

"삼분의 일이면 5명이 적당한데요."

"그러니, 특별히 부탁드리는 것이지요. 정말 수고 좀 해 주세요."

"저희 대학 심사를 돌보아 주셨으니, 품앗이를 해야지요."

"그럼요. 우리 교수들 월급이 쥐꼬리만 하니, 이렇게라도 해야 품위를 유지할 수 있지 않겠어요?"

"그럼요. 염려 마십시오."

"그런데 다른 심사위원들과도 잘 통할 수 있겠지요? 지난해에 모셨던 분들을 다시 모셨으니 무난할 것 같긴 한데요."

"그럼요. 어련하셨겠습니까?"

원숭이 공화국 너른숲 대학교 신입생 미술과 회화(繪畵) 전공 실기 시험을 앞두고 학과장실에서 두 마리의 교수 원숭이들이 나누는 대화가 자연스러웠다.

"금년에도 '압정 구멍'이지요?"

"네. 태극기 '건곤감리'의 '건'입니다."

"알았습니다. 왼쪽 상단 모서리에 압정 구멍이 하나 있는 작품에 10점씩을 더 주도록 다른 교수들에게도 귓속말을 하겠습니다."

"확실하게 15점씩 더 주시면 어떨까요?"

"그러다 그 애들 중에서 수석이 나오면 어떻게 하려구요?"

"어때요. 해마다 교수 작품 전시회에서 1점씩 구입할 애들인데요."

"하하하, 그렇지요?"

두 마리의 원숭이는 만면에 웃음기를 띤 채 차를 마셨다.

정의구현(淨蟻灸玄)

개미공화국의 작고 깨끗한 남녘 소도시에서 500여 마리의 개미들이 모여 예배 준비를 하고 있었다. 연미색 법의를 입은 사제 개미가 단 위로 올랐다. 뒷목에서부터 어깨로 흘러내려 가슴 양쪽에서 빛나는 황금색 띠가 그의 품위를 높이고 있었다. 비 내린 연못에서 환하게 웃는 연꽃만큼이나 세속과는 거리가 멀어 보였다. 벽오동의 잎에 맺힌 이슬만 먹고 산다는 봉황새처럼 기품이 있어 보였다. 달마대사가 갈대 잎 하나에 올라 강을 건넜다는 고사처럼, 그런 기적을 행할 만큼 미더운 모습이었다.

그런 사제 개미가 몇 마리 단 위에 올랐다. 두 마리는 중앙에 앉고, 몇 마리는 뒤에 서서 손을 모으고 있었다. 숨소리도 낼 수 없을 만큼 엄숙한 분위기였다. 마이크 앞에 선 소가지 사제 개미가 목소리도 카랑하게 소개를 하였다.

“오늘 예배 강론은 바가야로 사제 개미가 집전하시겠습니다.”

바가야로 사제가 단 앞으로 걸어 나왔다. 걸을 때마다 황금색 띠가 미동(微動)하여 보는 개미들이 조심스럽게 집중하였다.

“저는 우리 개미 공화국의 영원한 평화와 행복을 위하여 기도합니다. 우리의 기도가 하늘나라에 닿아서, 된바람 공화국의 백성들도 우리와 영원히 행복하기를 기도합니다. 된바람 공화국과 평화롭게 소통하기 위해서는 우리 모두의 자세가 정의로워야 합니다.

어떤 개미들은 된바람 쪽의 개미 권리가 침해되고 있다면서, 그에 비하면 마파람 쪽의 개미 권리는 비교할 수 없을 정도로 높이 신장되어 있다고 합니다. 그렇지만, 같은 말을 쓰는 겨레이니, 서로 다른 처지를 이해해야 합니다.

어떤 개미들이 말하기를 된바람 공화국은 3대째 내려온 독재나라라고 하면서, 그에 비하면 마파람 공화국은 민주주의가 성숙한 나라라고 주장합니다. 그렇지만, 핏줄이 같은 겨레이니, 서로 다른 처지를 이해해야 합니다.”

사제는 한 마디 한 마디에 힘을 실어 강론을 이어갔다.

그때 신자 개미 사이에서 무거운 목소리가 들렸다.

"3대가 세습하며, 독재를 하느라 백성들이 굶어죽거나 말거나 하는데, 그래도 괜찮은가? 우리 마파람 공화국을 향하여 대포를 쏘는데도, 형제라고 용서해야 하는가? 된바람 쪽이 독재라는 것은 명명백백하지 않은감? 그쪽에는 말 한마디 못하믄서, 왜 우리 마파람 쪽의 작은 허물만 들추는감?"

혼잣말인지, 옆의 개미에게 한 말인지, 분명하지는 않지만, 사제의 귀에 거슬리는 말임에는 틀림이 없었다.

사제 개미는 곁눈질로 그 신자 개미를 흘깃 바라보더니, 강론을 이어 나갔다.

"우리의 생사고락을 주관하시는 하늘이시여, 어리석은 자들의 무식한 죄를 용서하여 주소서! 저토록 어리석은 개미들이 있기에 우리 공화국의 앞날이 걱정이옵니다. 위에서부터 아래까지 다 썩어버렸으니, 새로운 일꾼으로 갈아치워야 함을 널리 살피소서!"

그때, 그 신자 개미의 혼잣말이 또 들렸다.

"우리 마파람 공화국이 안녕하고 행복한 거는 다 알고 있지 않은감? 저 입만 살아가지고 된바람 공화국 편을 드는 사제 개미만 없으면 우리 공화국이 편할 긴데. 그렇지 않은감?"

그 소리가 귀에 들었는지, 황금 빛 띠를 두른 바가야로 사제의 입이 실룩거렸다. 근엄하던 얼굴에 점차 독한 기운이 스며들었다.

"하늘이시여! 미련한 저들을 용서하여 주소서! 그리고 사랑하는 개미 여러분, 여러분은 똑바로 보고, 똑바로 알아야 합니다. 우리 촌장이 부정 선거로 당선된 것은 다 아는 사실이지 않습니까? 부정한 방법으로 당선되었으면 공화국 개미들에게 고백을 하고, 사죄를 하고, 물러나야 하는 것 아닙니까? 그러나 자신의 잘못은 덮어두고, 다른 개미들의 잘못만 캐내어 움쭉달싹도 못하게 하는 것은 독재입니다. 우리는 이 독재를 물리쳐야 합니다."

강론의 어투가 바뀌고 갑자기 말이 빨라져 갈 때 신자 개미의 혼잣말이 또 들렸다.

"우리의 하늘님께서는 저렇게 입방정만 떠는 사제를 왜 그냥 두시는지 모르겠네. 홍수 때에 쓸어버리지 않으시고, 무엇을 하고 계신댜! 저 입을 틀어막아야 하는데, 저 입을!"

바가야로 사제의 입이 경련을 일으키며 실룩거렸다.

"하늘이시여! 미련한 저들을 용서하여 주소서. 자신들이 하는 일을 모르고 저지르는 망발이오니, 너그러이 죄를 사하여 주소서! 그리고 하늘이시여! 부정하게 당선한 저 가짜 촌장을…."

"가짜라니, 우리 개미들이 선거하여 뽑은 촌장님인데. 그럼 50%가 넘은 마파람 공화국 개미들 모두 가짜일까?"

바가야로 사제의 말 중간을 끊은 신자 개미의 혼잣말은 이제 혼잣말이 아니었다. 제법 목소리에 힘이 실려 사제와 맞상대를 하고 있었다.

"하늘이시여! 미련한 저들을 용서하여 주소서! 부정한 촌장은 이제 촌장도 아니지만, 우리 촌장은 대변 보고 밑도 닦지 않은 것처럼 썩은 냄새를 풍기고 다닙니다. 그 냄새를 우리 마파람 공화국에서만 풀풀 풍기는 게 아니라, 샛바람 공화국에도 흘리고 다닙니다. 하늬바람 공화국에도 흘리고 다닙니다. 그래서 우리 마파람 공화국은 똥 냄새 공화국이 되어 가고 있습니다. 정말 큰일 났습니다."

"그 분에게서 똥 냄새가 나는지, 나지 않는지는 모르지만, 저 사제 개미의 입에서 풍기는 똥냄새는 어떻게 해야 하능감?"

"하늘이시여! 미련한 저들을 용서하여 주소서! 이제 우리 신도들은 부정한 방법으로 촌장이 된 개미를 인정하지 말아야 합니다. 이제 촌장이라고도 부르지 맙시다. 그냥 '걔' 라고 부릅시다. 걔가 똥 누고 밑을 씻지 않아 풍기는 똥 냄새를 여기에서도 맡을 수 있지 않습니까?"

"하나도 나지 않는데. 자기 입에서 나는 냄새니까, 자기만 맡을 수 있지 않은감?"

"하늘이시여! 미련한 저들을 용서하여 주소서! 이제 우리 마파람 공화국에서 진동하는 촌장의 똥냄새를 씻어내기 위해 힘을 합하십시다. 여러분! 외국에까지 가서 똥 냄새를 퍼뜨리는 촌장, 아니 걔를 내쫓읍시다. 여러분!"

"아, 정말 절망적이네요. 하늘이 내리셨다는 사제가 저토록 거친 말밖에 할 줄 모른다니요! 경제 발전을 위한 촌장님의 수고를 덜어드리지는 못할망정, 저토록 품위 없는 말로 우리의 귀를 더럽히다니요! 깨끗한 개미(정의(淨蟻))를 까맣게 불에 굽는(구현(灸玄)) 사제, 정의 구현(淨蟻灸玄) 사제를 위하여 통곡하며 죄사함을 구하십시다. 하늘님이시여, 저 사제의 입을 씻어 주소서! 하늘님이시여, 저 사제의 똥 냄새를 씻어 주옵소서!"

"하늘이시여! 미련한 저들을 용서하여……."

황금빛 띠가 흔들릴 정도로 바가야로 사제의 강론이 진행되는데도, 신자 개미가 하나씩 둘씩 자리를 뜨고 있었다. 그렇거나 말거나 드문드문 앉아 있는 몇 마리의 개미들을 향하여 바가야로 사제는 천장이 무너지라고 소리를 질렀다. 그렇지만 남아 있는 개미들도 강론을 듣는 것이 아니라, 각자 기도를 하였다.

"우리의 모든 사제들이 모두 저렇지 않사오니, 저 사제가 지은 죄를 깨닫게 하소서!"

"다른 사제들은 훌륭한 분들도 많이 있사오니, 노아의 홍수처럼 한꺼번에 모두 쓸어가지 마소서!"

자 사제를 용서해 달라는 기도를 드릴 뿐이었다.

듣는 개미가 없어도, 황금 띠 사제의 강론은 계속되었다. 그러나 웅웅거리는 메아리는 그의 귀에만 파고 들 뿐이었다.

빗장을 열라고요?

일초(日超) 스님!

원숭이 공화국에서 가장 존경을 받으시는 스님의 텃밭을 돌아보며 정갈하게 가꾸신 마음결을 생각하였습니다. 밭에 널려 있는 돌로 야트막한 경계를 지어 만든 자잘한 뙈기마다 서로 다른 채소들이 자라고 있었지요. 초봄에 입맛을 돋우는 돌나물도 한 자리를 차지하고 있었습니다. 어느 뙈기에는 달래들이 수줍게 손을 내밀었고, 참취도 윤기가 흘렀습니다.

스님의 밭을 돌아보고 나서, '나도 텃밭을 가꾸어야겠구나.' 생각을 하였습니다. 인연이 닿아 밭을 마련하고 여러 작물(作物)을 가꾸었습니다. 고추도 심고, 토마토도 심고,

3감자도 심고, 옥수수도 심고, 고구마 싹도 묻었습니다. 밭에서 자라는 잡초를 뽑고 가꾸며 수확의 기대로 설렜습니다. 고단하였지만, 참을 수 있었습니다.

일초(日超) 스님!

때로는 깨달음의 경지에 이른 착각을 하기도 하였습니다. 작물과 섞여 자라는 잡초를 뽑으며, 내 마음에 깃드는 망상(妄想)과 오욕칠정(五慾七情)까지 씻어내는 듯하여 몸과 마음이 가벼울 때도 있었습니다. 우거진 잡초를 뽑고 나면 깨끗하게 드러나는 밭의 이랑과 고랑 사이에서 산뜻한 마음이 되었습니다.

그래서 시간이 있을 때마다 밭에 가서 풀을 뽑으며 땀을 흘렸습니다. 이 일은 흡사 예전에 어르신들이 농한기에 가마니를 짜거나, 짚신을 틀고 난 뒤에 삐죽 나와 있는 터럭을 뜯어내는 작업과 같았습니다. 거칠던 멍석도 창칼로 터럭을 뜯어내면 매끈하게 변신을 하였습니다. 곡식을 널기도 하고, 여럿이 앉아 쉬기도 하였습니다.

일초(日超) 스님!

텃밭 농사를 지으며 마음의 작은 근심을 털어내는 느낌으로 행복하였습니다. 그러나 아직도 수양이 덜 되어서인지, 밭은 순간적으로 미움과 분노의 원천으로 변하였습니다. 감자알이 굵어질 무렵, 올고구마 알이 한창 들어설 무렵에 멧돼지가 들어와서 성한 곳 하나 없이 밭을 헤집어 버렸습니다. 그야말로 쑥대밭을 만들어 버렸습니다.

참을 수밖에 없었습니다. '같이 먹고 살아야겠다.'고 마음을 가다듬지만 고구마 밭을 볼 때마다 솟아나는 분노를 가라앉히느라 고생하였습니다. 남은 땅에 열무씨를 뿌렸습니다. 노랗게 솟아나는 모습처럼 사랑스러운 것은 보기 드뭅니다. 햇빛과 바람과 물을 먹고 조금씩 자랐습니다. 그때 고라니가 나타나서 대패질을 하듯이 모두 핥아 먹었습니다. 눈물이 핑 돌았습니다.

일초(日超) 스님!

마음의 짐을 벗어 놓으라고 하셨지요? 몇몇 작물을 가꾸며, 잡초를 뽑으며, 그러한 느낌이었습니다. 그런데, 이제 그런 평정심을 유지하기가 어렵습니다. 마음의 빗장을 열고 욕심을 버리라고 하셨지요? 그런데, 나는 고라니가 들어오지 못하게 밭의 둘레에 말뚝을 박고 야트막한 철망을 두릅니다. 고라니는 어떠한 방법으로든지, 울타리의 빈틈을 찾아 들어옵니다. 들어와서 작물을 뜯어 먹습니다. 그럴 때는 고라니가 마음의 깊은 곳에서 사는 마구니로 보입니다.

그렇지만, 스님, 생각해 보면 고라니도 작고 귀여운 놈입니다. 겁이 많고 순진한 녀석입니다. 그 놈의 눈을 바라보면 미워할 수 없습니다. 깜짝 놀라 달아나는 그 녀석을 바라보며 오늘도 텃밭에서 땀을 흘립니다.

<중편 우화>

족제비 마을의 신화

1. 프롤로그

산노을 짙은 그림자가 연못에 멋진 흔들림을 지었다. 물이 흔들릴 때마다 물고기들은 수면으로 저녁 나들이를 하였다. 물결에 스며든 노을빛과 피라미들이 짓는 동그라미들이 합쳐져서 수면은 금세 환상적인 그림이 되었다.

마을의 족제비들이 더운 콧김을 씌며 물가에 모였다. 족제비들은 평소에는 물을 먹지 않았다. 그렇지만, 서 있어도 숨이 찰 정도로 더운 날의 저녁나절에는 타는 갈증을 식히게 마련이었다.

그때 당당한 체구를 한 족제비 한 마리는 '꿩잡이'이고, 깡말라서 성깔만 사나워 보이는 족제비 한 마리는 '도깨비바늘'이었다. 두 마리의 족제비가 연못 둑을 지나 마을의 계곡을 벗어나고 있었다. 친구 사이지만, 대장과 참모가 길을 가는 모습이었다. 뒤를 따라가는 '도깨비바늘'이 목청을 높여 찌직 찍찍 홍얼거렸다.

오늘도 우리는 사냥을 나간다네.
꿩잡이 의형제가 사냥을 한다네.
산기슭에서 부는 바람에 수염을 씻고
들녘에서 부는 바람에 가슴을 여네.
오늘도 우리는 사냥을 나간다네.
꿩잡이 친구끼리 사냥을 한다네.
그대가 하나를 잡으면, 내가 먹으리
그대가 두 마리 잡으면, 나눠 먹으리.

앞서 가던 '꿩잡이'가 힐끗 돌아보았다. 말이 되는지 안 되는지 '도깨비바늘'과 사냥을 나갈 때마다 색다른 노래를 들었다. 어디에서 그런 말을 만들어 내는지 재주가 용하다는 생각이 들었다. 정말 '도깨비바늘'은 먹고살기 위한 사냥 재주는 없어도 노래 재주는 있으니, 함께 다니기에 심심하지 않아서 좋았다.

산 아래 인간 마을로 닭서리를 가는 길이었다. 초저녁에 보아 두었다가 밤이 깊을 때를 기다려 한 마리씩 잡아 올

계획이었다. '꿩잡이'는 '도깨비바늘'을 바라보았다.

"나야 한 마리 잡으면 되겠지만, 저 녀석이 문제란 말이야. 한 마리 더 잡아서 저 녀석에게 주면 되겠구먼."

바람은 시원했지만, 목에 걸린 노을이 심상치 않은 저녁이었다.

2. 족제비도 낯짝이 있나?

젊은 족제비 진남이는 오늘도 목에 힘을 준 채 머리를 바짝 들고, 뒷다리에 힘을 넣으며 마을 가운데 넓은 길을 내려갔다. 어느 누구도 이러한 위엄에 길을 비키지 않을 수 없는 일이었다. 정말 몇몇 놈들은 부러운 눈으로 길을 비켜주었고, 개울에서 낯을 씻던 여인네들은 부끄러운 듯, 호기심이 동한 듯, 손으로 입을 가리며 웃고 있었다.

"저이가 '용감한족제비진남이수남이정남이'라는구만."

"아이고 웬 이름이 그렇게 길다우?"

"좀 길긴 길지만, 그렇게 불러 달란다는구먼."

"호호. 우리 한번 불러볼까?"

"그런데, 생각이 나야지. 너무 길어서 뭐."

"진남이면 진남이지 왜 그렇게 길어졌다우?"

"아, 글쎄 지난번에 거위 한 마리를 잡고부터 저렇게 빼기고 다니는 것 아니겠수."

"그거야 다 아는 일이지만, 이름이 길면 부르기가 힘들어서 좋지 않을 것 같은데."

"왜 아니겠수? 웃기는 타령이지요."

"그나저나 왜 세 가지 이름이 하나로 뭉쳐졌느냐니까요?"

귓가에 들리는 이야기를 들으며 진남은 뒷짐을 진 손에 힘을 넣고 다리를 팔자걸음으로 약간 틀면서 느릿느릿 걷는다. 자신에 대한 경외의 눈길에 가슴은 한껏 부풀어 오르고, 여인네들이 나누는 이야기를 들으며, 이제 온 마을의 관심이 자신에게 쏠려 있음을 피부로 느낀다.

진남은 자신이 그 여인네들 중에서 하나를 선택하여 찡긋 눈빛을 건네면 그녀가 대뜸 따라나설 것이라 믿는다. 자신이 앞장을 서면 마을 청년들도 군말 없이 따를 것임은 불문가지라 믿는다. 그러니 땅을 딛는 발끝에 힘이 들어가지 않을 수 없다.

"왜 그렇게 이름이 길어졌대요?"

"아, 글쎄 지난 번 거위 사냥을 하고 나서, 본인이 그렇게 불러달라고 했대요. '진남이'는 진정한 용기를 가진 남자라는구먼. '수남이'는 빼어난 남자라는구먼, '정남이'는 정말 남자다운 남자라는구먼. 본인이 불러달라니, 그렇게 부를 수밖에. 이름이라는 것은 어차피 부르기 위해 짓는 것 아니겠수?"

"그렇긴 그렇지만."

"그렇긴 그런데, 저렇게 왜소한 족제비가 어떻게 그렇게 크고 사나운 거위를 잡았대요?"

"글쎄, 믿어지지 않는 일이지만, 사실은 사실인가 보더라구. 그 덕분에 거위 고기를 맛보았으니, 좋기는 좋습디다."

【CCTV — 현장 재현】

족제비 두 마리가 야심 삼경 닭장을 향하여 살금살금 기어간다. 사방은 고요하고 달빛은 교교한데 살기가 넘친다. 본능이었을까, 암탉 한 마리가 새끼들에게 경고하는 소리인지, 꼬꼬꼬꼬 꼬꼬꼬 가래 끓는 소리를 낸다.

헛간에 앉아 있던 거위가 눈을 뜬다. 고개를 들어 여기저기 소리를 탐지한다. 그러다가 족제비들을 발견한다. 족제비들은 납죽 엎드려 있었지만, 거위의 눈을 피할 수 없다. 거위가 다가서자 몸을 일으킨 족제비 한 마리가 뒤돌아 줄행랑을 친다. 다른 한 마리는 마주 서서 앙칼진 소리를 낸다. 그도 잠시 위세에 눌렸는지, 조금씩 뒷걸음질을 친다.

인가에서 조금 떨어진 곳에 이른다. 거기까지 따르던 거위가 뒤돌아가려 한다. 그러자 뒷걸음질을 치던 족제비가 날렵하게 몸을 비틀며 허공을 차고 오른다. 공중 제비차기를 하면서 거위 등가죽을 차고 빠진다. 뒤돌아서는 거위의 다리 밑으로 빠지면서 스치는 듯 가슴을 물어뜯고 비킨다. 갑자기 당한 거위는 꿱꿱 소리를 지르며 양 날개를 퍼덕인다. 달빛 속에서 그 날개 치는 소리가 요란하다.

비켜서서 바라보던 족제비가 다시 용수철처럼 뛰어올라 거위의 목을 물어뜯으려는 찰나, 거위도 목을 돌려 그 큰 부리로 족제비 머리통을 내려찍는다. 땅에 떨어진 족제비는 몸을 부르르 떨며 일어선다. 두 눈에 파란빛 독기가 서린다. 날개를 치며 다가오는 거위와 간신히 일어선 족제비가 맞선다. 이제 피하려고 해도 피할 수가 없다.

임전무퇴! 거위가 단단한 발톱으로 족제비를 밟아 버린다. 족제비는 거위의 발가락을 물어뜯는다. 통증을 느낀 거위가 펄쩍 뛰어 올라 물러선다. 족제비가 다시 일어선다. 일어서는 족제비를 보고 내버려 둘 거위가 아니다. 거위는 사냥개도 물리치는 넓고 강한 부리로 족제비의 등이 부러지도록 찍어대고 물어뜯는다. 족제비의 등가죽이 벗겨지고, 피에 젖은 터럭이 날린다.

사생결단! 작지만 날렵한 족제비가 마지막 힘으로 땅을 박차고 뛰어올라 거위의 목줄을 물고 늘어진다. 거위는 머리를 흔들어대며 족제비를 떼어놓으려 한다. 머리와 온몸을 마구 흔들며 털어 내려고 한다. 족제비는 필사의 힘으로 거위의 목줄에 매달려 있다. 마지막으로, 거위가 날개를 치면서 목을 흔들자, 힘이 다한 듯 족제비는 거위의 목줄을 놓고 개울로 빠져 떠내려간다.

바로 그때 산기슭 위에서 족제비 몇 마리가 찌직 찍찍 친구를 찾아 내려온다. 그때까지 고목 빈 구멍 속에 숨어 있던 족제비가 주춤거리며 나온다. 겁에 질려 말도 나오지 않는다. 내려오던 몇몇 족제비들이 이 겁쟁이를 만난다.

"야, 네가 저 거위를 잡았니?"

그때까지 겁에 질렸던 겁쟁이는 아무런 말도 할 수가 없다. 가슴이 뛰고 오금이 저려서 몸을 가눌 수도 없다. 긴장이 풀렸는지 그냥 쓰러진다. 족제비 둘이 겁쟁이를 부축하고 길을 재촉한다. 나머지 족제비들이 죽은 거위를 질질 끌고 도랑 가 샛길을 오른다. 마을에 도착한 족제비들은 겁쟁이가 이렇게 크고 사나운 거위를 잡았노라고 소리친다. 마을 안의 족제비들이 모두 나와서 고기 한 점씩을 나누어 먹는다.

정신을 차린 겁쟁이에게 마을 족제비들이 '용감한 족제비'라는 호칭을 주고, 이름을 무엇이라 하면 되겠는가 묻는다. 그러자 그 족제비는 언제나 그리워하며 입 속에 맴돌던 이름으로 '용감한족제비진남이수남이정남이'를 댄다.

3. 노래하는 족제비 신화

용감한 족제비 진남이는 후배들을 만날 때가 가장 즐거웠다. 교교한 달빛 아래 날렵하게 뛰어올라 거대한 거위의 목줄을 물어뜯던 순간들을 실감나게 말했다. 침이 튀는 것은 말할 것도 없고, 횟수가 늘어나면서 몸짓까지 곁들여져서 그의 주위에는 젊은 족제비들이 모였다.

오늘도 진남이는 마을 가운데 호두나무 고목 앞에서 용맹무쌍했던 이야기를 하고 있었다. 듣는 후배들의 눈이 초롱초롱할 때마다 그는 신이 나서 배우 뺨을 치게 되었다. 그 중 하나가 물었다.

"거위 부리는 대단하다고 하던데, 한 번도 물리지 않았어요?"

"야! 나의 이 날씬한 몸을 봐라. 그 둔한 거위에게 찍히거나 물리겠느냐?"

"거위는 부리로 찍기도 하고, 물어뜯고 흔든다고 하던데요. 무섭지 않았어요?"

"야 임마! 너, 나를 어떻게 보고 그래! 내가 거위 따위를 겁낼 족제빈 줄 알고 있다면, 앞으로 내가 이야기할 때 듣지도 말아!"

"거위는 발도 크다면서요? 그 큰 발로 할퀴고 차고 밟아버린다면서요?"

"그럼, 거위가 덤비는 모습을 보면 정말 대단하지. 그러나 나처럼 용기가 있는 족제비가 보면, 그것은 아무 것도 아니야. 큰 발과 발 사이로 빠지고 휘저으면서 물어뜯고 할퀴면 큰 발도 소용이 없지. 나의 달리기 실력은 너희들이 다 알고 있잖나! 더구나 나의 날카로운 앞발로 거위의 뱃가죽을 할퀴며 지나갈 때의 스릴이란 경험해 본 족제비만 알 거야. 흠흠!"

"야! 대단해요!"

후배들의 탄성과 부러운 눈길에 힘이 난 진남이는 정말 신이 났다. 세상에 살다가 이런 일이 몇 번쯤 더 일어난다면 내일 죽어도 여한이 없을 것 같았다. 산들바람이 시원하게 부는 것도 다 자신을 위해 부는 것 같았다. 개울물 소리가 청량한 것도 다 자신을 찬양하는 소리로 들렸다. 새들이 노래하는 것도 모두 자신의 무용담을 전하는 것 같았다.

그런데, 젊은 족제비들 중에 진남이를 잘 따르는 후배가 있었다. 후배인 짝귀는 걱정스런 얼굴로 진남이를 지켜보았다. 진남이가 이야기를 반복할 때마다 늘어나는 무용담이 이제 실화를 벗어난 것 같아서였다. 닭을 훔치려고 나섰다가 거위를 만났고, 그 거위와 싸우다가 거위를 죽였다는 것은 눈으로 보았으니, 누구나 의심할 수 없는 일이었다. 그렇지만, 도저히 있을 수 없는 일들을 신화처럼 확대 재생

산하는 진남이의 앞날이 심히 걱정스러웠다.

입이 아플 정도로 무용담을 늘어놓던 진남이가 집을 향해 있는 거드름을 피면서 걸어갔다. 조용히 뒤를 따르는 짝귀를 바라보며 만족한 미소를 지었다.

"어때, 내 이야기, 들을 만하던가?"

"그럼요. 형님의 입심을 당할 사람이 있나요?"

"입심이 아니라, 사실을 말한 거야. 그게 모두 사실이라니까!"

"사실은 사실이니까, 신경 쓰실 일이 아니고요. 그런데 궁금한 게 있어요. 그날 형님은 한 군데 상처도 없고 터럭 하나 뽑힌 곳이 없었거든요."

"그야 날렵한 내가 요리조리 빠져 다니면서 공격을 했으니까, 그렇지!"

"그래도 궁금한 게 있어요. 그 때 그 거위 발톱 하나가 물어 뜯겨 거의 끊어질 정도가 되어 있었는데요. 그렇게 물어뜯다가 보면 거위의 발에 채이거나 부리에 찍히게 마련인데. 형님은 채이거나 찍힌 상처가 없다니 좀 그래요."

"야. 그것은 거위를 잡은 다음에 화가 나서 내가 물어뜯은 거야! 뭐 그런 것에 신경을 쓰니, 신경을 쓰긴. 할 일도 없니, 너는?"

"더 이상한 것은 거위의 오른쪽 발가락에 족제비의 털이 잔뜩 묻어 있었거든요. 그 정도로 털과 피가 묻어 있었다면, 족제비가 완전히 당한 것이어야 하는데. 형님은 터럭 하나 빠진 곳이 없다 말이에요."

"야! 오래 전에 그런 일들이 일어났을 수도 있잖니? 피곤한데, 그런 이야기 그만 좀 두자. 낮잠이나 자자. 잠이나 자!"

"아네요. 하나 더 있어요. 그날 거위 부리에 족제비의 가죽이 한 조각 물려 있었거든요. 다른 족제비들은 형님의 무용담과 거위 고기 한 점씩을 씹느라 신경을 쓰지 않았지만, 저는 다음에 거위를 만나 싸울 때를 대비해서 요리조리 다 살펴보았거든요. 그 족제비 가죽 조각은 무엇을 말하는지. 말씀해 주세요."

"야, 이 새끼야! 내가 그걸 어떻게 알아? 너, 귀만 짝귀가 아니고, 눈도 짝눈이니? 네 눈이 애꾸눈 아니야? 아무도 못 본 것을 네가 보았다고 하면, 꿈속에서 본 것 아니야? 임마! 가서 자빠져 잠이나 자! 이 새끼야! 후배라고 아끼며 데리고 다녔더니, 이제 보이는 게 없나? 가! 이 새끼야! 꼴도 보기 싫어!"

"예. 알았어요. 그런데 형님과 함께 간 '꿩잡이' 형님은 어디 갔어요? 도통 보이지 않네요."

"야, 이 새끼야. 내가 '꿩잡이' 애인이냐, 보호자냐! 나 모르는 일이야. 그리고 앞으로 꿩을 잡을 때 이야기를 하면 너는 끝장이야 끝장! 알았어?"

그때까지 위풍당당하던 진남이의 태도가 갑자기 바뀌었다. 눈은 표독스럽게 파란 빛을 내기 시작하였다. 그러면서도 겸연쩍은 낯빛으로 꼬리를 사리고 집으로 들어갔다. 뒷모습에서 냉기가 풍겼다. 짝귀는 머리를 살래살래 흔들며 비탈길을 올랐다.

【CCTV — 현장 재현】

고만고만한 젊은 족제비 셋이 소풍을 나선다. 진남이, 짝귀, 찡잡이 세 마리의 족제비는 마냥 한가롭다. 여기도 살피고 저기도 살피면서 궁금한 세상, 모두 구경하리라 길을 나선다. 개구리가 걸리면 개구리를 잡아먹고, 들쥐가 걸리면 들쥐를 잡아먹으며 산천유람이나 하자며 나선 길이다.

산그늘에 덮인 푸섶을 지날 때 갑자기 푸드덕 날개 치는 소리가 들리더니, 까투리 한 마리가 나타난다. 어디를 가는 나그네냐고 묻지도 않고 앞에 선 짝귀의 머리를 찍어댄다. 그때 엄청난 일이 벌어진다. 족제비 귀는 유난히 작은데, 그 작은 귀를 까투리가 물어뜯어 버린 것이다. 깜짝 놀란 짝귀는 줄행랑을 친다. 귀에서는 붉은 피가 흐른다.

두 족제비도 우선 멀찍이 피한다. 찡잡이가 끼웃끼웃 하면서 까투리를 살핀다. 까투리는 마른풀로 옷을 해 입은 것처럼 갈색의 조화로운 몸짓이다. 가끔 잡아먹는 닭보다도 작은 것이 앙칼스럽다. 몸집이 더 큰 닭도 족제비를 보면 삼십육계 줄행랑을 치게 마련인데, 이 조그만 게 까불며 덤빈다.

짝귀가 꿩잡이의 뒤에 숨어 버리자, 진남이는 갈참나무 뒤로 몸을 숨기고 동정을 살핀다. 센 놈과 붙을 때는 피하는 게 상책이라는 것을 체득했기 때문인지, 그는 숨어버리기 대장이다. 꿩잡이와 짝귀가 서로 눈짓을 하더니, 까투리 주위를 빙빙 돈다. 두 마리가 빙빙 도니까, 까투리도 당황하여 어쩔 줄을 모른다. 짝귀에게 달려들다가, 꿩잡이에게 달려들다가, 꾸르륵 소리를 내면서 종종걸음이다. 꿩! 꿩! 장끼라도 와주었으면 좋으련만, 단기일전(單騎一戰), 까투리 혼자 외롭다.

빙빙 돌던 꿩잡이가 파도처럼 몸을 움직이다가, 꿩의 목줄을 물어뜯으며 뒹군다. 까투리는 날개를 치면서 발버둥친다. 짝귀가 꽁지를 물어뜯는다. 잠시 후, 사방은 조용하고, 두 족제비는 고픈 배를 채우기 시작한다.

"이 새끼 별것도 아닌 것이 지랄했어!"

그때서야 용감한족제비진남이수남이정남이가 나타난다. 친구와 후배가 피 흘리며 잡아 놓은 까투리의 몸통을 찢어

내며, 게걸스럽게 먹는다.

그날 이후로 물어뜯긴 오른쪽 귀, 갈라져 너풀거리는 귀로 인해 '짝귀'라는 이름을 얻는다. 그리고 짝귀의 입을 통해 친구는 '꿩잡이'라는 이름을 얻게 된다.

4. **짝귀는 족제비가 아니다**

용감한족제비진남이수남이정남이는 느긋한 걸음으로 짝귀네 집을 향하여 걸었다. 시간이 지나면 배가 고프고, 배가 알맞게 고플 때 짝귀를 찾는 것은 그야말로 안성맞춤이었다. 어디에서 잡아오는지, 짝귀네 집에는 온갖 먹이가 언제나 준비되어 있었다.

먹기 좋은 약병아리도 있었다. 어느 날은 대여섯 마리나 잡아와서 친구들이 잔치를 벌이기도 했다. 조금만 색다른 먹이를 잡아온 날에는 꼭 진남이를 불렀다. 진남이가 도착하면, 이 분이 용감한족제비진남이수남이정남이라고 불리는 분이라는 점, 그리고 그토록 성깔 사나운 거위를 잡아서 동네가 포식했다는 점, 아직도 그 솜씨가 대단하다는 점 등숨이 넘어가게 되뇌어서 진남이의 입은 헤 벌어지게 마련이었다.

또한 짝귀의 좋은 점은 진남이의 약점을 한 번도 다른 족제비들에게 발설하지 않는 점이었다. 거위를 잡을 때의 의문점을 다 알고 나서 진남이에게 의문점을 확인하다가 치도곤을 당하고서도 다른 족제비들에게는 말끝 하나 없었다. 그리고 꿩잡이와 셋이 있었던 일 역시 한 마디도 발설을 하지 않았다. 가장 믿을 만한 후배였다.

자신의 약점을 알고 있어서 찜찜하기는 하지만, 그래도 자신을 위해 주는 후배는 짝귀밖에 없었다. 다른 후배들은 어느새 자신이 거위를 잡았다는 것, 그래서 이름이 용감한 족제비진남이수남이정남이라는 것까지 거의 까먹어 가고 있었다. 어쩌면 자신의 존재마저 까맣게 잊어 가고 있는 것 같았다.

그러나 후배 짝귀를 만나면, 잊고 살았던 과거의 무용담이 다시 살아나게 되고, 새로운 다짐으로 힘이 솟기도 하는 터였으니, 진남이는 아침부터 짝귀네 집으로 출근했다.

가는 날이 장날이던가. 그 날은 짝귀가 친구 둘과 1미터쯤의 구렁이를 잡아왔다. 잘못 하다가는 구렁이에게 몸이 감겨서 온갖 뼈 마디마디가 으스러져 죽게 되는 위험한 동물이 구렁이였다. 그래서 작은 뱀은 잡아먹지만, 큰 구렁이에게는 아예 덤비지 않는 게 불문율이었다. 짝귀의 친구들이 여럿 모여서 성찬 준비를 하고 있었다.

좌중에 도착한 진남이는 기회는 이때다, 자신의 무용담

을 되살릴 때가 이때다, 이런 생각으로 몸을 앞으로 내세웠다. 짝귀가 반갑게 맞았다.

"아이고, 선배님, 어서 오십시오. 그러잖아도 아이들을 보내려고 하고 있었는데, 이렇게 오셔서 고맙습니다."

손을 내밀어 악수를 하며, 짝귀의 반가운 인사에 진남이는 약간 호기가 생겼다. 양손으로 뒷짐을 진 채, 약간 거드름을 피기 시작했다. 짝귀는 친구들에게 진남이를 소개하기 시작했다.

"이 분이 내가 자주 말씀드리던 용감한족제비진남이수남이정남이라는 선배님일세. 어쩌면 선배님이라기보다는 몇몇 족제비들은 선생님으로 모셔야 할 분이기도 하네. 선배님, 후배들을 위해 좋은 말씀을 해주시기 바랍니다."

그 바람에 진남이는 또 다시 자신이 거위를 잡던 무용담을 되풀이하기 시작했다. 거위를 잡아먹었을 때의 무용담은 이미 여러 번 들어서 그런지, 같은 이야기에 식상했는지 듣는 눈치가 곱지만은 않았다. 무용담을 듣고 있던 후배들이 하나씩 빠져나갔다.

"선배님, 만나 뵙게 되어서 반갑습니다. 선배님의 훌륭한 말씀은 짝귀를 통해 여러 번 들었습니다. 그런데, 오늘 저녁에 먹을 가족들의 먹거리 준비를 하러 가야거든요. 다음에 만나서 좋은 말씀 많이 듣겠습니다."

먹이를 잡으러 가야 한다는 데에야 말이 필요 없었다..

"용감한족제비진남이, 아이고 그 다음에는 뭐드라. 어떻든 용감한 선배님, 좋은 말씀을 더 들어야 하는데, 저희 이웃에 할머니 한 분이 편찮으셔서 조금 먼저 자리를 뜨겠습니다. 용서하시고, 다음에 용감했던 이야기를 듣겠습니다."

이웃집 노인에게 병문안 인사를 가야겠다는 데에야 더 이상 말이 필요 없었다.

"존경하는 선배님을 모시고 말씀을 들어야 하는데……."

마지막 하나 남은 후배가 일어서려고 하자, 짝귀가 붙잡아 주저앉혔다.

"야! 너는 오늘 할 일도 없잖니? 나하고 어디 가기로 했잖아!"

"응, 그럴 계획이었는데, 갑자기 어머님 심부름 생각이 났어. 그리고 마누라 생일인 것 같아. 그 이야기를 하려고 했는데, 깜빡 했어. 미안해."

그 젊은 후배는 겸연쩍게 일어서면서 손을 흔들었다.

"자, 두 분이 좋은 시간을 가지십시오."

그러면서 마지막 남은 후배마저 사라졌다. 짝귀가 꾸민 일이 아닌 것은 분명한 일이지만, 괜히 심화가 일어나 뱃속이 꿈틀거렸다.

"야, 임마, 짝귀야, 너 그러면 안 돼!"

"예? 선배님, 무슨 말씀을 하시는지. 제가 뭐 실수라도 했나요?"

"너, 임마. 네 친구들에게 얼마나 내 흉을 보고 다녔으면, 걔들이 나만 보면 무슨 똥 피하듯이 슬슬 피하냐! 그게 다 네가 꾸민 연극 아니냐? 나에게는 존경하는 선배님, 훌륭한 선배님, 어쩌고 하면서, 뒤에서는 호박씨 까는 거 다 알아 임마! 너, 그러면 안 된다. 내가 너를 얼마나 아끼는 후배인지 알고 있잖나! 그러면서도 그러는 것은 배신 중의 더러운 배신이라는 것을 알아야 해. 임마, 너 내가 그냥 오냐, 오냐 받아주니까, 눈에 보이는 게 없는 모양인데, 그러면 안 돼 임마! 너 앞으로 조심해! 죽는 수가 있어. 알았어?"

진남이는 하고 싶은 말을 모두 쏟아놓고, 오늘도 휑하니 사라졌다. 무슨 변명을 해야 하긴 하겠는데, 짝귀에게 말할 기회를 주지 않고 바람처럼 사라졌다.

'저 선배님이 친구들을 만나면 또 얼마나 내 흉을 보실까?'

짝귀는 선배님의 말씀을 듣지 않고 떠난 친구들이 못내 아쉬웠다. 그러면서 후배들에게 존경받지 못하는 선배 진남이에게도 약간 서운한 생각이 들었다. 그 선배가 친구들을 만나면 되풀이하는 자신에 대한 욕설과 폄하는 전해 듣기 거북한 것들이었다.

【CCTV — 현장 재현 1】

짝귀는 친구들에게 불평을 늘어놓는다.

"야, 너희들이 좀 참아야 되는 것 아니냐. 선배님이 말씀을 하시는데, 그렇게 일어나면, 그 분이 얼마나 멋쩍겠어. 그리고 선배님의 말씀을 우리가 듣지 않으면, 우리 후배들이 우리 이야기를 듣겠어? 앞으로 조심들 하자."

그러자 친구 하나가 나선다.

"야! 같은 이야기도 세 번 들으면 싫증이 나는 법이다. 그 선배 거위 잡은 이야기가 벌써 몇 년째냐? 그 선배는 그 뒤로 다른 동물은 잡지도 못 하냐? 새로운 이야기를 하라고 해라. 새로운 이야기를 만들라고 좀 해봐라. 거짓으로 꾸며서라도 다른 이야기 좀 하라고 해라."

또 한 친구가 나선다.

"짝귀, 너도 그러는 게 아니다. 왜, 그 선배만 우리 선배냐? 더 훌륭한 분들이 많은데, 그 선배만 싸고도는 너도 이상하다. 그 선배만 싸고돌다가는 너, 다른 선배들에게 찍혀 고생 좀 할 게다. 네가 신주처럼 위해 바치는 그 선배는 너를 후배로 보지도 않고 있어. 다른 선배들을 만나면 네 욕을 얼마나 하는데. 너도 속 차려라. 잘못 하다가는 큰 코 다친다."

그래도 짝귀는 막무가내다.

"야, 너희들 말이 틀리는 것은 아니야. 그러나 우리 동네에는 우리들만의 영웅이 필요한 거야. 그 영웅이 될 수 있는 큰일을 이룬 족제비가 그 선배밖에 없거든. 우리가 조금만 참고 그 선배를 위해 주자. 우리의 영웅을 위해!"

할 수 없이 고개를 끄덕이는 친구들이지만, 눈치가 곱지만은 않다.

【CCTV — 현장 재현 2】

용감한족제비진남이수남이정남이가 친구들을 붙잡아 놓고 핏대를 올린다.

"야, 아무리 생각해도 그 짝귀라는 놈 맹랑하잖어? 선배들을 몰라보고, 동네일을 온통 제 마음대로 하려고 하지 않어? 그래 너희들 생각은 어때?"

그러자 친구 하나가 나선다.

"맞아, 그 친구 좀 싸가지가 없어. 야, 그런데, 진남이 너는 핏대를 올릴 일이 아닌 것 같다. 짝귀가 우리는 무시하는지 몰라도, 너한테만은 특별하게 대우하잖아. 우리는 그것이 눈꼴사나운 일인데. 왜 네가 나서서 핏대질이냐?"

친구 하나가 맞장구친다.

"그래, 사실 너는 사냥을 하는 솜씨도 별 것 아니고, 다만 말솜씨만 좋아서 남들이 대접을 하는 것 아니냐? 언젠가 거위 사냥을 했다고 하지만, 우리가 직접 본 것도 아니고, 그 뒤로 사냥을 하는 모습을 보면, 겁쟁이인 네가 어떻게 그 사나운 거위를 잡았는지, 의심이 들기도 하고, 순전히, 너, 말로만 잡은 것 아니냐?"

당하고만 있을 진남이가 아니다.

"야, 내가 말하고 다녔냐? 남들이 다 보고들은 역사적 진실 아니냐? 나는 확인만 해주었을 뿐이고. 또 너희들도 그 거위 고기를 먹었잖어. 그 뒤로 내가 사냥을 잘못 하는 것은 아직 사냥감을 못 만난 게 죄이지, 뭐 내가 못한 게 죄냐? 짜식들 짝귀 욕이나 하라니까, 내 흉이나 보고 있어. 나쁜 놈들! 네놈들과는 말이 안 통해서 못 놀겠다. 이웃 마을에나 가야겠다. 비켜 이 새끼들아. 거위 한 마리 못 잡는 놈들이 무슨 입만 살아 가지고. 쯧쯧! 가서 거위를 잡아와 봐, 이 자식들아!"

휑하니, 이웃 마을로 통하는 길, 얼기설기 드러난 느티나무 뿌리 사이로 사라지는 진남이를 보면서, 친구들은 입술을 삐죽인다. 한편으로 주먹질을 해댄다. 푸른 하늘에 솔개가 한가롭게 날고 있다. 족제비들은 가슴이 콩알만 해져서 집으로 달음박질을 친다.

5. 소똥이 그리운 위대한 족제비

위대한 족제비 진남이는 짝귀를 데리고 마을을 나섰다. 맑고 청아한 물소리를 따라 한참을 걷다가 보면, 평퍼짐한 분지가 나오고, 그 분지를 지나다 보면 푸른 털의 족제비 마을이 나타났다. 특별하게 볼일이 있는 것도 아닌 만큼 유유자적, 분지에 들어섰다.

분지에서 만나는 여러 동물 사이에서 으뜸은 들소들이었다. 시커먼 갈기를 휘날리며 들판을 달리는 모습은 태산도 무너뜨릴 기개가 용출되는 듯하였다. 달리다가 멈추어서 콧김을 후억후억 내뿜을 때면, 1000년 묵은 거목도 쓰러뜨릴 것만 같았다. 검은 얼굴에 번뜩이는 눈망울 역시 온 세상을 모두 빨아들일 것 같았다.

"야, 짝귀야, 저것 봐라. 저 들소들!"

"예! 참 대단하네요. 볼 때마다 놀라움을 금할 수 없어요."

"그렇지? 들소들은 참으로 대단해! 참으로 멋있어! 아니 위대해!"

"그럼요. 아마도 하늘나라에서 옥황상제님 호위병들이 하강한 거 아닐까요?"

"야, 너 그 말 멋있다. 옥황상제 호위병이라. 흠흠."

그때, 바위들이 산을 이루고 있는 남쪽 기슭에서 염소들이 줄을 지어 지나갔다. 염소들은 혼자서도 잘 놀지만, 대장이 앞장을 서면, 줄줄이 따라다니는 것이 특징이었다. 약하기 때문에 서로 돕고 힘을 합치자면 그 길 밖에 없었다. 늑대가 나타나거나 여우가 나타나면 지키고 있던 한 마리가 "매해 매해 매해" 울고, 그러면 재빨리 바위산으로 줄행랑을 쳤다. 지키고 있던 한 마리가 "매헤헤헤 매헤헤헤" 울면 먹이가 있으니 따라오라는 것이다. 저 혼자 욕심을 내어 마구 먹어대는 것이 아니라, 가족 단위로 서로 불러서 맛있는 먹이를 나누어 먹었다. 같이 움직이며, 같이 도와주고, 같이 먹고 살아갔다.

"야, 짝귀야, 저것 봐라. 염소들은 좀 자발적잖어!"

"좀 그러네요. 그러나 가족끼리 모여 사는 것은 좋아 보이네요."

"그것은 약하다는 징표야. 난 저런 것이 싫어!"

"그럼요. 선배님은 용감한족제비진남이수남이정남이가 아니십니까?"

"암, 그렇구 말구. 더구나 염소들의 한결같은 저 소리는 너무나 지겨워."

"아니에요, 선배님. 염소들이 내는 소리가 똑 같은 게 아니에요. 저들이 내는 소리를 들어보면, 참으로 많은 대화가 들어 있어요. 위험할 때 알리는 소리가 다르고, 먹이를 찾았을 때 알리는 소리가 다르고, 서로 등을 핥으며 내는 소리가 달라요. 물론 대장이 내는 소리가 다르고, 아이들이 엄마와 함께 장난치며 내는 소리가 달라요. 그리고 염소마다 음색이 달라요. 아주 개성적이에요. 언뜻 들으면 똑같아 보이지만, 세심하게 관찰하면 참으로 다양한 소리를 들을 수 있어요. 한 번 염소의 짓거리와 울음소리를 들어보시지요."

"야, 위대한 족제비가 염소 소리나 들으라구? 너나 들어라. 가던 길이나 가자!"

"그러시지요."

들판에는 나비들이 한가롭게 날면서 꿀을 탐내고 있었다. 여름철에 볼 수 있는 온갖 꽃들이 피어 있는 들판은 아름다운 낙원이었다. 나비가 나는 사이사이 벌들이 잉잉 꽃을 찾고 있었다. 잠자리도 풀 위에 앉아 쉬고 있었다.

"선배님, 이 꽃들 참 아름답네요."

"야, 짝귀야, 사나이가 꽃에 빠지면 안 돼. 적어도 사나이는 위대한 역사를 창조해야지, 그 까짓 꽃에 빠져서야 되나. 우리는 위대한 일을 해야 돼. 알았냐?"

"예. 그래도 아름다운 꽃은 아름다운 것, 그 자체로 의미가 있지 않을까요?"

"야, 임마. 내가 아니라면 아닌 거야. 사나이는 꽃 따위에

눈길을 주어선 안 되는 거야. 알았나!"

말대답을 못하고 함께 걸으면서도 짝귀는 아름다운 꽃의 자태에 흠씬 빠졌다.

'엉겅퀴' 붉은 꽃술이 곱다. 줄기에 난 가시가 슬퍼 보이기도 하고, 몸에 진액이 흐르는 것은 어쩌면 가시 때문에 흘리는 눈물도 같다. '작약'은 더 요염해 보인다. 붉은 색과 분홍색으로 치장한 꽃잎에 숨어 있는 꽃술이 앙증스럽다. 한 참을 가다가 보면 나무도 아닌 것이, 풀도 아닌 것이 나온다. '사위질빵'이다. 나무도 같고 풀도 같은 덩굴은 다른 나무를 감고 올라가며 노란 꽃을 피운다.

'얼마나 외로우면 저렇게 다른 나무를 감으며 올라갈까?'

짝귀는 갑자기 외롭다는 생각이 들었다. 용감한 선배와 같은 길을 함께 가지만, 서로의 생각이 각자 다르고, 사물을 보는 눈이 천양지차(天壤之差), 어쩔 수 있겠는가. 갑자기 외로움을 느껴서일까, 보이는 꽃들이 모두 그렇게 보였다.

'동자꽃'이 담황색으로 슬픔을 토하고 있다. 부모를 잃은 동자가 죽어서 이 꽃으로 환생했다는 전설이 담긴 꽃은 여름에도 슬퍼 보인다. '며느리밥풀꽃'도 비슷하다. 시어머니에게 구박을 받던 며느리가 죽어서 환생한 꽃이라 하니, 적홍색의 꽃잎에 하얀 암술이 너무나 슬퍼 보인다. 입안에 밥

알이 두 개 들어 있는 꽃을 보고 있으면 전설이 더욱 슬프고 안타깝다. '패랭이꽃'도 마찬가지이다. 꽃은 곱지만 씨앗이 보이지 않을 정도로 작으니, 이 또한 연민에 젖게 한다.

"야, 짝귀! 너, 무슨 생각을 하고 있냐?"

"네, 꽃들을 관찰하면서 가고 있어요."

"세상에 아무 쓰잘 데 없는 짓을 하는구만. 한 마디로 영양가 없는 짓거리만 하는구만. 야, 짝귀야, 내가 무슨 생각을 하고 있는지 아냐?"

"무슨 좋은 생각이라도?"

득의의 미소, 그랬다. 무엇인가 정말 멋진 생각을 해냈을 때 짓는 미소를 진남이는 보이고 있었다.

'들소 사냥이라도 하자는 것인가, 어떤 묘책이 나왔을까, 아니면 새끼 염소 사냥이라도 하자는 것인가, 위대한 족제비의 명성을 확인할 기회가 또 올까, 그도 아니면, 토끼라도 잡자고 그러는 것인가?'

아쉬운 대로 양동(兩動), 양공(兩攻) 작전이면 가능할 것 같았다. 짝귀는 진남이의 얼굴을 주시하였다.

"야, 내가 들소 같으냐, 염소 같으냐?"

"갑자기 들소는 뭐구, 염소는 뭐래요?"

"나를 비유한다면, 어디에 해당하는가 말이다. 저기 보이는 대장 들소 정도로 보이냐?"

"아, 예. 그렇다고 할 수 있지요."

어이없지만, 못 이기는 체 인정하는 짝귀의 대답을 듣고 진남이는 만족한 얼굴이었다. 그러나 짝귀는 진남이의 얼굴에서 눈을 떼고, 풀숲의 꽃이나 보며 걸었다.

바위 곁에 '자귀나무'가 서 있다. 공작이 꼬리를 펼친 것처럼 보이는 자귀나무는 재미있는 습성을 지니고 있다. 낮에는 활짝 벌리고 있던 잎들이 밤에는 오무러들어 서로 껴안는 모습을 보인다. 그래서 사랑나무라고도 하고, 합환목이라고도 한다. 바위에는 '범의귀'라는 풀이 하얗게 피어 있다. 바위에 붙어사는 작은 풀이지만, 의외로 꽃이 크고 한자로 대(大)자와 같이 생겨서 대문자꽃이라고도 부른다.

이 꽃을 보던 짝귀가 진남이의 얼굴을 바라보았다. 정말 위대해서가 아니라 말로만 허풍을 치는 위대한족제비진남이수남이정남이와 이름만 '범의귀'가 이토록 잘 어울릴 수가 없는 일이었다

진남이가 입을 열었다.

"야, 짝귀, 나는 들소가 되겠다. 들소와 같이 행동하겠다. 너는 아무리 보아도 매해해 천상 염소일 뿐이니, 본분을 잃지 말도록 힘쓸지어다!"

진남이는 풀섶의 들소 똥을 가리켰다. 푸석푸석 뭉쳐진

것이 대단하기는 대단하였다. 족제비 두 마리를 뭉쳐 놓은 크기였다.

"나는 앞으로 들소와 같이 이런 똥을 싸겠다."

진남이는 다시 풀섶에 숨어 있는 염소 똥을 가리켰다. 동글동글 까만 것이 20~30개 정도가 흩어져 있었다.

"짝귀, 너는 앞으로 염소와 같이 이런 똥을 싸라!"

진남이는 하늘을 우러러 양손을 벌리고 결연한 얼굴이었다. 적어도 하늘에 위대한 주문을 외려는 모습이었다.

"하늘이시여, 오늘부터 위대한족제비진남이수남이정남이는 들소가 되겠나이다. 들소와 같은 위대한 족제비로서 폭포수와 같은 오줌을 눌 것이며, 수박통 만한 똥을 누겠나이다. 하늘이시여, 굽어 살피시어, 오늘의 이 맹세가 헛되지 않도록 도와주소서!"

농담으로도 들리고, 진담으로도 들렸다. 짝귀는 묘한 기분으로 가던 길을 되돌려 걸었다. 진남이는 들소들을 보면서 들소 걸음을 흉내내고 있었다. 그를 두고, 아무리 머리를 돌려 생각해 보아도 도저히 알 수 없는 일이었다. 폭포수와 같은 오줌을 갈기겠다는 진남이, 수박통보다 큰 똥을 싸겠다는 진남이가 제 정신인지, 농담인지, 갈피를 잡을 수 없는 날이었다.

【CCTV — 후일담 1】

어느 안개 짙은 새벽 고갯마루에서 진남이가 뒷덜미 털을 이슬로 적신 다음 마구 달린다. 진남이는 구부정한 허리를 폈다가 다시 굽히며 달린다. 족제비가 달리는 모습은 청설모가 나무 위나 계곡을 뛰어다니는 모습과 같다. 청설모는 나무나 바위, 묘, 언덕 등에서 자주 볼 수 있다. 그러나 족제비는 향음성으로 그늘이나 계곡 등에서 산다.

진남이에게서 족제비가 달리는 원초적 폼이 나온다. 그러다가 씩씩거리며 달리다가 뒷발로 땅을 툭툭 찬다. 콧구멍을 크게 벌리며 푸우 푸우 거친 숨소리를 낸다. 마구 달리다가 확 멈추고, 뒤로 홱 돌아서서 머리를 마구 흔든다.

진남이가 새벽마다 들소가 달리는 모습을 흉내를 낸다. 콧숨을 푸우 푸우 내뿜는 시늉을 한다. 달리다가 홱 돌아서 뿔로 들이받는 들소 흉내를 낸다. 없는 갈기 털을 휘날리며 귀를 흔든다. 들소는 파리나 모기 하루살이를 내쫓기 위해 큰 귀를 앞뒤로 흔들거나 부채질을 한다. 그런데 진남이는 아주 작은 삼각형의 귀를 흔들자니, 고생이 이만 저만이 아닌 것 같다.

어느 날은 성황당 근처에서 진남이가 땀을 흘리며 달리는 모습을 목격하기도 한다. 다른 족제비들은 먹이를 찾아 바쁘게 움직이는데, 진남이는 들소 흉내만 낸다. 먹는 것은 아예 짝귀네 창고를 이용하기로 묵계(墨契)가 된 상황인가, 들소를 닮기 위해 애만 쓴다.

【CCTV — 후일담 2】

해질녘에서부터 달빛 환한 한밤중까지 들소들이 놀고 자는 기슭에서 진남이의 모습이 눈에 뜨인다. 마을 족제비들은 진남이가 하는 행동을 도통 이해할 수가 없었다. 짝귀도 진남이에게 몇 차례 말했지만, "봉황의 뜻을 연작이 어찌 알겠느냐?"며, 진남이는 들소가 되기 위한 일에만 매달린다.

들소 중 우두머리 황소가 오줌 누는 것을 본 후부터는 오줌줄기를 굵게 하기 위해 힘을 다해 참았다가 일시에 쏟아낸다. 그러나 금방 쏟아내고 나면 그뿐, 도저히 들소 흉내를 낼 수가 없다. 폭포수처럼 쏟아내는 황소의 그것을 바라보며, 진남이는 하늘에 계신 신에게 하는 기도처럼 손을 모은다. 위대한 오줌줄기를 바라보며 경건하게 기도를 한다.

들소를 닮기 위해, 들소와 같은 똥을 누려고 한다. 건강한 들소 똥은 둥글둥글하지만, 떨어지는 곳에 따라 모양이 다르다. 땅에 떨어지는 들소 똥은 부서지듯 약간 흩어진다. 그러나 풀섶에 떨어지는 들소 똥은 둥근 모양을 그대로 간직하고 있다. 가끔가다 설사를 하는 놈은 빈대떡처럼 평퍼

짐한 똥을 싸기도 한다.

족제비 똥은 길쭉하면서 거칠거칠하다. 염소나 토끼의 똥은 둥글다. 몸집은 염소가 토끼보다 크지만 염소똥보다 토끼똥이 더 크다. 염소똥은 둥글고 반질반질하고 단단하다. 그러나 토끼똥은 푸석거리면서 좀 크고 거칠다. 족제비 똥은 쥐똥처럼 타원형으로 길다랗다. 그러나 쥐똥은 작고 단단하고 까무잡잡한데 비하여, 족제비똥은 거칠고 푸석거리며 한 끝이 길게 늘어져 있다.

그런 똥을 싸는 족제비가 들소 똥을 누려고 하니 진남이의 고통이 이만저만이 아니다. 아무리 해도 들소 똥과 비교가 되지 않는다. 크기부터 모양까지 도저히 들소와 같아질 수가 없는 것이다. 그래서 진남이는 약은 꾀를 낸다. 어차피 똥이란 것이 각양각색이니, 설사하는 들소의 똥이나 흉내를 내자는 것이다. 계곡에 가서 물을 있는 대로 마신다. 원래 물을 좋아하지 않는 족제비지만, 들소의 물똥을 싸기 위해서는 어쩔 수 없는 선택이다.

배가 빨록하도록 물을 먹고 빨리 똥을 싸기 위해 항문에 힘을 준다. 그래도 소용이 없다. 그러다 뱃속이 꾸룩거리더니, 급하게 쏟아져 나온다. 그 똥을 보고 진남이는 회심의 미소를 짓는다. 양으로는 어쩔 수 없지만, 넓이로는 꽤 번졌기 때문이다.

스스로 대견하다. '아마, 족제비들이 싼 똥 넓이로는 기네스북에 기록되리라.' 뱃속이 꾸룩거리고 아파 오거나 말거나, 그는 짝귀네 집을 향하여 달린다. 어서 짝귀를 데리고 가서 증명을 해야 하기 때문이다.

6. 족제비 마을 대표 뽑기

푸른 털의 족제비 마을에서는 이웃 마을과의 현안 문제를 협의하고 해결하기 위하여 대표 족제비를 뽑았다는 소문이 들려 왔다. 그 마을에서 정한 대표 족제비의 조건은 여러 가지가 있지만, 그 중에서 여러 조건에 부합하는 족제비를 마을 회의에서 선출하였다.

첫째, 사냥을 잘해서 마을 주민들이 굶주리지 않게 해야 한다.

둘째, 어른을 공경하고 후배를 사랑하여 신망이 높아야 한다.

셋째, 개인보다는 마을을 위한 희생 봉사에 앞장서야 한다.

넷째, 마을의 전통을 지키면서 새로운 방향을 제시해야 한다.

선거를 통해 선출된 푸른 털의 족제비 마을 대표는 '새알찾이'라는 이름을 가진 족제비였다. 쥐, 개구리, 두더쥐, 뱀도 잘 잡지만 메추라기, 꿩, 비둘기도 잘 잡았다. 새들을 잡지 못할 때에는 새들의 알도 잘 찾아냈다. 이로 인해 '새알찾이'라는 이름을 얻었다.

새의 알을 찾는 것은 쉬운 일이 아니었다. 작은 종달새만 해도 그랬다. 봄이면 하늘 높이 올라가 지리지리종 지리지리종 울어 제키는 종달새는 밀밭이나 보리밭, 그도 아니면 모래밭이나 들판의 풀섶에 알을 낳는다. 알을 품고 있다가 위험이 닥치면 보리 이랑 여러 개를 지나서 후루룩 날아오른다. 그렇기 때문에 짐승들은 어미 종달새가 날아 오른 주위만 찾다가 되돌아서게 된다. 다시 돌아올 때도 그렇다. 둥지에서 멀찍이 내려앉아 잰걸음으로 찾아가기 때문에 종달새가 내린 곳만 두리번거리며 찾다가 실패하고 돌아선다.

그러나 '새알잡이'는 그런 새들의 속성을 본능적으로 알았다. 날아 오른 지점을 축으로 하여 풀이나 곡식이 무성한 곳에서 찾다가 보면 영락없이 맛있는 새알이 있었다. 때로는 노란 주둥이에 솜털도 가시지 않은 새끼들이 있어 특식(特食)을 하기도 했다. 그래서 푸른 털의 족제비 마을에서는 그로부터 많은 사냥 기술을 배워, 먹고 사는 걱정은 사라진 지 오래라는 소문이었다.

위대한족제비진남이수남이정남이는 이웃 마을의 대표 선출에 대한 소식을 듣고, 내심 반색하였다. 겉으로 표현을 하지 않았지만, 어서 마을 회의가 열려 자신을 대표로 선출해 주기를 기대하고 있었다. 그러나 마을에서는 대표를 뽑기 위해 회의를 준비하는 아무런 움직임이 없었다.

답답한 진남이는 짝귀를 찾았다. 호두나무 뿌리 쪽으로 굴을 넓히고 있던 짝귀는 땀을 뻘뻘 흘리고 있었다.

"어이, 짝귀, 이 더운 여름에 무엇하나?"

"예, 굴을 넓히고 있어요."

"아니, 무엇 하려고 여름에 생땀을 흘리나, 가을에 하지."

"장마가 지기 전에 미리 준비를 해야지요."

"장마는 무슨……."

"아니예요. 곧 장마가 질 거예요. 형님도 미리 준비를 하세요. 골짜기 쪽으로 난 벽이 약해 보이던데요. 참나무 뿌리 쪽으로 집을 넓혀야 장마가 지더라도 안전할 거예요."

"야, 내 걱정일랑 하지를 마라. 내가 살 집은 내가 다 알아서 한다."

"그래도, 그게 아닌데."

"글쎄 걱정하지 말라니까. 그건 그렇고, 저 건너 푸른 털의 족제비 마을에서는 마을 대표를 선출했다는데, 우리도 대표를 뽑아야 되지 않겠는가?"

"글쎄요. 대표를 선출한다고 무엇이 달라지나요?"

"글쎄. 그것은 잘 모르지만, 다른 마을에서도 대표를 뽑았으니까, 우리도 뽑아야 체면이 서는 것 아니겠어?"

"체면은 무슨 체면이에요? 조그만 마을에서. 지금처럼 각자 열심히 살면 되겠지요."

"그래도 대표는 있어야……."

"아이고 선배님, 그렇게 시간이 남으시면, 굴 파는 것이나 도와주시지요."

"내가? 이 위대한 족제비가?"

"그래요. 선배님이 도와주시면, 제가 선배님 굴도 정리해 드릴게요."

위대한 족제비 진남이는 콧방귀를 뀌며 마을길로 들어섰다. 느티나무 아래에서 노인들 몇이 한담을 주고받았다. 날씨가 좋지 않다는 이야기, 들쥐들이 전보다 줄어 잡아먹고 살기가 힘들다는 이야기, 뱀이 개구리를 잡아먹어 족제비가 살기 힘든 세상이 되었다는 이야기, 그러니 뱀을 잡아먹으면 일석이조라는 이야기 등이었다.

"아이고, 어르신네들, 안녕하셨습니까?"

"어, 진남이 내려왔는가?"

"예, 날이 후덥지근한 것이 장마가 지려는가 보네요."

"글쎄, 신경통이 도지는 것을 보니, 비가 오긴 오겠어."

"마을 어르신, 이웃 마을 푸른 털의 족제비들은 마을 대표를 뽑았다고 그러데요."

"그려? 누가 뽑혔댜?"

"새알찾이라는데요."

"아, 그려, 그 친구라면 충분한 자격이 있지. 몇 번 보았는데, 품격도 갖추었고, 능력도 대단해. 마을 사람들로부터 신망도 두텁고. 잘 뽑았군. 잘 뽑았어."

"우리 마을에서도 대표를 선출해야 되지 않겠습니까?"

"글쎄. 이렇게 작은 마을에서 대표가 필요할까? 먹고사는 데 별 문제가 없는데."

"모든 마을이 대표를 뽑는데, 우리만 뽑지 않으면 좀 창피하지 않을까요?"

"그게 그럴까?"

"그럼요. 한번 깊이 생각해 보세요. 어르신들!"

위대한 족제비 진남이는 회심의 미소를 지으며 개울을 따라 걸었다. 개울가에서 가재를 잡던 아낙들 몇몇이 수다를 떨고 있었다. 짝귀가 집을 넓히고 있다는 것, 그것은 가을이 되면 신방을 꾸미기 위한 준비일 것이라는 것, 그러나 귀가 짝짝이어서 장가들기가 힘들 것이라는 데까지 이르렀다. 그리고 개구리 사냥을 잘 하는 젊은 녀석의 날렵한 몸짓이 너무나 멋지다는 것, 당산나무 곁 성황당에 구렁이가 몇 마리 있다는 것에까지 대화는 끝이 없었다.

지나가려는 진남이의 귀에 솔깃한 말이 들렸다. 위대한 진남이는 노래를 참 잘한다는 것, 목소리도 좋지만 오래 전에 거위를 잡은 신화를 잊지 않고 있다는 것, 요즘은 들소와 같이 훌륭한 족제비가 되기 위해 들소 흉내를 내고 있다는 것, 아침이나 저녁이나 들소들이 머무는 곳에서 들소와 대화를 하고 있다는 것, 그래서 위대한 족제비란 말이 잘 어울린다는 것 등이다.

'오호라! 이제 그대들이 내 진면목을 알아보기 시작하는구나. 아하!'

【CCTV — 대표 선출 회의 1】

마을의 족제비들이 대부분 참석하였다. 마을에서 대표를 뽑는다니까, 새로운 사실이 흥미로운 것도 있고, 혹여 자신이 대표로 선출되기를 은근히 바라는 눈치들이다.

어르신께서 말씀을 꺼내신다.

"우리 마을을 위해 일할 대표를 뽑기로 합시다. 누가 좋을까 추천들을 해 보시지요."

가슴이 유난히 커서 젖소라는 이름의 암컷이 얼른 나선다.

"제 생각에는 용감한족제비진남이수남이정남이가 좋겠어요."

"어떤 면에서 좋은지, 그 이유를 설명해 주시지요."

"노래를 잘 하잖아요. 그리고 오래 전에 거위를 잡아 용감한 족제비라고 불리잖아요. 요즘은 들소를 닮으려고 들소들하고 산대요. 얼마나 멋져요. 진남이 오빠를 추천합니다."

"진남이를 추천하는구만요. 다음 추천할 족제비는 없으십니까?"

고갯마루에서 혼자 사는 중늙은이가 나선다.

"젊은 족제비도 좋지만, 경험이 많은 지금 사회를 보시는 어르신이 좋다고 봅니다. 추천합니다. 그래도 경륜이 제일입니다. 어흠!"

"허허, 저도 추천이 되었습니다. 다음에는 없습니까?"

젊은 족제비가 나선다.

"여기 이 자리에 없어도 괜찮습니까?"

"우리 마을 족제비라면 괜찮겠지요. 누구 안 나온 분 있나요?"

"예, 집을 고친다고 짝귀가 나오지 않았거든요. 짝귀가 제일 용감하고, 일도 잘하고, 남도 잘 도와주고, 배고픈 족제비들에게 먹이도 나누어 주고, 귀가 찢어진 것 말고는 나무랄 데 없습니다. 그래서 짝귀를 추천합니다."

"짝귀가 추천되었습니다. 혹여 추천할 분 또 없습니까?"

"없습니다."

누군가가 뒤에서 소리친다.

그러자 어르신께서는 좌중을 빙 둘러보고 입을 연다.

"진남이, 짝귀, 그리고 내가 추천을 받았는데. 나는 이미 늙어서 대표가 될 수 없다고 생각합니다. 그래서 우리 마을 대표는 진남이와 짝귀, 둘 중에서 선출을 합시다. 지금 이 자리에 짝귀가 없으니, 저녁 먹고, 달빛이 호두나무에 걸리거든, 다시 나와서 회의를 진행하십시다."

그러자 진남이가 나선다.

"이 자리에 나오지도 않은 놈 때문에 회의를 또 한다는 것은 시간낭비라고 생각합니다. 이 자리에 있는 족제비들 중에서 선출하시지요!"

그러나 아무도 동조를 않는다. "이따 만납시다." 손을 흔들며 각자 집으로 흩어진다. 진남이는 열이 솟는다. 짝귀가 있거나 말거나 대표는 자신이 선출될 텐데, 그 놈이 없어서 다시 선출과정을 갖게 되니, 짝귀라는 놈이 정말 싸가지 없는 놈이기는 싸가지 없는 놈이다. 앞발에 힘을 주고 이빨을 으드득 갈아댄다.

'이 놈 이따 나오기만 해봐라. 그냥 두지 않으리라. 내가

대표로 뽑히는 순간, 짝귀 네 놈은 지옥행이다. 바로 죽음인 줄 알아라. 이놈!'

【CCTV — 대표 선출 회의 2】

달이 호두나무 꼭대기에 다다르자 마을 족제비들이 하나 둘 모이기 시작한다. 낮에 사회를 보던 어르신께서 좌정을 하고 마을 구성원들을 반갑게 맞는다. 대표로 추천을 받은 진남이는 평소의 뻣뻣한 모습을 지우고, 길목에서 만나는 족제비들과 인사를 나누며 악수를 하느라 바쁘다. 그러나 짝귀는 무표정한 얼굴로 우두커니 서 있다. 이번 선거는 오불관언(吾不關焉)인 듯하다.

마을 족제비들이 대부분 모이자 어르신께서 회의를 시작한다.

"안녕하십니까? 아무리 작은 마을이지만, 우리 마을의 대표를 뽑는다는 것은 참으로 중요한 일입니다. 그래서 제가 푸른 털의 족제비 마을 노인을 만나서 대표의 조건을 몇 가지 들었습니다. 그러니, 여러분들은 대표를 선출하기에 앞서, 제가 말씀 드리는 여러 조건들이 어느 분에게 적합한지, 깊이 생각하시고, 투표에 임해 주시기 바랍니다. 제 말씀에 다른 의견이 있습니까?"

진남이가 뾰로통하니 나선다.

"조건은 들어서 무엇하겠습니까? 우리 마을을 대표할 정도로 품격이나 능력을 갖춘 족제비를 뽑으면 되는 것이지요. 그냥 선거에 들어가기를 바랍니다."

"진남이는 그냥 선거에 들어가자고 그럽니다. 짝귀는 어떻습니까?"

"저는 애초에 우습다고 봅니다. 이렇게 작은 마을에서 무슨 대표를 뽑는다는 것인지. 그리고 저는 대표가 될 자격도 없다고 스스로 생각하고 있습니다. 저 혼자 먹고사는 것도 힘든데, 마을 모두를 어떻게 제가 먹여 살립니까?"

짝귀의 말에 진남이의 입가에 미소가 흐른다.

'단독 후보로 당선되는가 보다.'

그러자 어르신께서는 다음과 같이 덧붙인다.

"어떻든, 낮에 두 분이 추천되었으니까, 두 분 중에서 대표를 선정하도록 하겠습니다. 그리고 앞서 말씀드린 대로, 조건 몇 가지를 말씀드릴 테니까, 어느 분이 좋겠다고 생각한 다음, 투표에 임해 주시기를 바랍니다."

좌중을 빙 둘러보고 말을 잇는다.

"첫째, 사냥을 잘해서 마을 주민들이 굶주리지 않게 해야 합니다. 또 사냥 방법을 혼자만 알고 있을 게 아니라, 마을 모두에게 그 기술을 가르쳐야 합니다. 그럴 분에 누가 해당하는지 생각을 하시기 바랍니다.

둘째, 어른을 공경하고 후배를 사랑하여 신망이 높아야 합니다. 언제나 한결같이 행동하는 것이 중요합니다. 여기에 해당하는 분이 어떤 분인지도 깊이 생각하시기 바랍니다.

셋째, 개인보다는 마을을 위한 희생 봉사에 앞장서야 합니다. 평소에 우리 마을을 위해 진실로 앞장을 섰던 분이 누구였는가, 깊이 생각하고, 또 앞으로 우리 마을을 위해 희생하고 봉사할 분이 누군가도 신중하게 생각하시기 바랍니다.

넷째, 마을의 전통을 지키면서 새로운 방향을 제시해야 합니다. 너무 성급한 변화는 우리 문화를 멍들게 할 염려가 있습니다. 그러나 너무 안주해도 발전이 없습니다. 그러니 변화 속에서도 마을을 안정되게 이끌 수 있는 분을 잘 생각해 주시기 바랍니다.

이상 네 가지 조건을 누가 갖추었는가 생각해 보십시오. 위대한족제비진남이수남이정남이와 짝귀 두 분 중에서 어느 분이 이런 네 가지 조건을 고루 갖추었는지, 아니면 더 많이 갖추었는지, 깊이 생각하고 결정해 주시기 바랍니다."

연설을 마친 어르신은 좌중을 둘러보고 나서, 진남이와 짝귀를 돌아본다.

“진남이는 호두나무 왼쪽 옆 개울가로 가서 서세요. 짝귀는 호두나무 오른쪽 산기슭 쪽으로 가서 서세요.”

진남이는 호두나무 왼쪽으로 가서 개울을 등지고 만면에 웃음이 가득한 표정으로 선다. 만족한 웃음을 흘리며, 대표가 다된 듯하다. 짝귀는 걱정스런 모습으로 호두나무 오른쪽으로 가서 산기슭에 엉덩방아를 찧고 앉아 있다. 두 족제비의 행동과 표정이 대조적이다. 그렇거나 말거나 달빛은 환한 빛을 호두나무에 쏟아 붓고 있다.

어르신께서는 마을 족제비들을 향하여 신중한 느낌을 주도록 무겁게 발설한다.

“진남이가 네 가지 조건에 부합되는 지도자라고 생각하는 분들은 진남이를 향해서 가십시오. 그리고 짝귀가 우리 마을 지도자로 네 가지 조건에 부합하다고 생각하는 분들은 짝귀를 향해서 가십시오. 어느 쪽도 아닌 분들은 이 자리에 서 있어야겠지만, 두 분 중에 1분을 선택해서 자리를 옮겨 주십시오. 저만 가운데 서 있겠습니다.”

마을 족제비들이 멈칫 멈칫 진남이와 짝귀의 눈치를 살피며 움직이지 못한다. 그러자 어르신께서는 다음과 같이 크게 외친다.

“평소에 사냥을 잘하는 쪽을 찾으세요! 평소에 어른을 공경하는 쪽을 선택하세요. 평소에 마을 일에 앞장서는 쪽을 선택하세요! 그러면 되잖아요. 우리 대표는 사냥을 잘해야 하고, 어른을 공경해야 하고, 마을 일에 앞장서야 합니다!"

젊은 족제비 몇이 짝귀 쪽으로 향한다. 진남이를 추천한 젖통이 큰 '젖소'는 진남이를 향한다. 몇몇 장년층의 남자들이 짝귀를 향한다. 그 가족들도 짝귀를 향한다.

잠시 후, 진남이 편에는 유방 큰 암컷 하나가 몸을 비비 꼬며 서있고, 마을 족제비들은 대부분 짝귀를 둘러싸고 있다. 그러나 짝귀는 반가운 표정이 아니다. 아주 걱정스런 표정이다. 앞으로 일을 해나가는 것도 그렇고, 진남이의 비위를 맞출 일도 걱정이다. 그러나 놀기만 하고, 들소나 쫓아다니고, 자신의 일이나 마을 일에 관심이 없는 진남이를 뽑았다가는 마을의 앞날이 걱정이기도 하다.

그는 천천히 일어서서, 침중하게 말하기 시작한다.

"이 자리에는 저보다 훌륭한 선배님들이 많이 계십니다. 그리고 저보다 사냥을 잘하시는 분들도 여러 분이 계십니다. 저보다 마을 일에 앞장서신 분들도 많이 계십니다. 사실 저는 제가 할 수 있는 일만을 성실하게 해왔습니다. 그래서 우리 마을의 대표가 될 자격이 없다고 스스로 생각합니다. 그러나 이렇게 선택을 해주시니, 이제 푸른 털의 족제비 마을보다 더 잘 사는 마을이 되도록 노력하겠습니다. 부족하면 채워 주시고, 넘친다고 생각하시면 덜어 주셔서,

우리 마을이 정말 살기 좋은 마을이 되도록 뜻과 힘을 뭉쳐 주시기 바랍니다. 감사합니다.”

말을 끝내고 진남이를 찾아가려고 개울가를 바라보니, 진남이는 어디론가 사라지고, 유방이 큰 암컷 혼자 어리뚝하게 서 있다.

7. 에필로그 — 족제비 마을 만만세!

위대한족제비진남이수남이정남이는 만나는 족제비마다 짝귀의 흉을 보았다. 처음에는 그런 일이 있었는가, 혹시 그럴 수도 있겠구만, 고개를 갸웃거리던 동네 족제비들도 이제는 면역이 되어 갔다.

진남이가 지나가는 노인에게 큰소리로 말하였다.

“아! 보세요! 짝귀가 지나가는 이쁜이를 겁탈했다는구만요!”

“글세, 그렇게 해서라도 장가를 갈 수 있다면, 좋은 일이구만. 짝귀는 장가가 늦었어. 장가가 너무 늦었다니까. 애가 늦어, 애가!”

노인은 마을 앞으로 비척비척 걸어갔다.

진남이는 답답하였다. 지나가는 ‘젖소가슴’을 만나서 말을 걸었다.

"젖소가슴 아가씨, 짝귀는 귀만 찢어진 것이 아니고, 한쪽 눈까지 멀었다는구만. 그러니, 꼬실 생각은 아예 말어! 그러니 우리 동네 대표로는 안 되지 않겠어? 그 놈이 마을 대표를 한다는 것은 좀 창피하잖어? 귀병신, 눈병신이 동네 대표라니, 아이구 창피해서, 원!"

"흥! 노래를 잘 한다구, 한때 내가 눈이 멀어서 좋아했지만, 지금 보니, 그게 아니네요. 짝귀가 볼품은 없지만, 심성이 착하고, 우리 마을에서 가장 성실한 것은 누구나 다 알아요. 짝귀에게 얻어먹고 살면서, 짝귀 욕이나 하구. 그래, 짝귀가 귀가 먹었으면, 어때요?"

아무도 진남이의 말에 귀를 기울이지 않았다. 들은 척도 않았다. 안 듣는 것뿐만 아니라, 이제 노골적으로 적대감을 표시하였다. 그때 마침, 근골이 꽤 잘 빠진 후배가 지나가고 있었다. 짝귀와 늘 쌍벽을 이루어 앞서거니 뒤서거니, 경쟁 관계에 있는 후배였다. '얼씨구나 됐다.' 진남이는 지나가는 후배를 불렀다.

"야, 반갑다. 너 어디 가냐?"

"아랫마을에 가요. 왜 그러십니까?"

"야, 짝귀가 제 어미를 쓰러뜨리고, 물어뜯고, 밟았다고 그러던데, 자네 그 이야기를 들었는가?"

"진남이 선배님, 아니, 도깨비바늘 님! 무슨 말을 그렇게 합니까? 말이라고 그렇게 아무렇게나 하는 것이 아닙니다."

"나도 들었는데, 그게 사실은, 사실인 것 같던데."

"야, 도깨비바늘! 그러는 게 아니지. 가죽이 찢어졌다고 생긴 입도 아닌데. 그러면 안 되지."

"어? 너, 반말이니? 야! 임마, 너, 나한테 반말을 하는 거냐?"

"임마, 점마 하지마, 임마! 너만 입이고, 나는 주둥이냐?"

"어, 어, 어, 어어어…."

"어, 어, 하지 말어 임마! 너는 네 선배들에게 언제 선배 대접을 해봤니? 네가 네 선배들을 무시하면서, 어찌 너만 후배한테 선배 대접을 받으려구 그러니. 네가 대접을 받으려거든, 너도 네 선배들을 위해봐, 자슥아! 후배들도 위해보구 자슥아!"

"어, 어, 어, 어어어…."

"어, 어, 하지 말어 임마! 짝귀가 심성이 좋으니까, 그렇지. 너처럼 나쁜 놈이었다면, 네 가죽을 벗겨서 당산나무에 걸었을 거야, 임마! 나만 같았어봐라. 너를 그냥 두나! 짝귀에게 고맙다는 말이나 하고, 죽어지내 임마! 앞으로 동네에서는 고개 푹 숙이고 다녀 임마!"

마을 족제비들이 무슨 구경거리나 난 듯이 모여들어 빙 둘러섰다. 창피해서 빠져나가려야 나갈 틈이 보이지 않았다. 진남이, 아니 '도깨비바늘'은 다리가 후들거려 간신히 버티고 서 있었다. 쓰러질 듯 쓰러질 듯 위태로웠다.

"어이, 도깨비바늘 선배! 오늘까지는 선배라고는 부르지. 그러나 앞으로 짝귀의 욕을 하고 다니거나, 마을 어른들에게 반말을 하거나, 암컷이라면 아무나 몸을 더듬는 짓을 하게 되면, 동네 주리를 틀을 테니까, 그런 줄 알어!"

후배는 군중을 헤치고 빠져나갔다. '도깨비바늘'은 휘청거리는 다리를 잡으며 뒤따라 빠져나가서 느티나무 뿌리에 걸터앉았다. 자신도 모르게 두 눈이 흐려졌다. 흐려진 눈을 드는데, 눈물빛에 옛날 친구 '꿩잡이'의 피 묻은 얼굴이 어룽져 보였다.

"그 친구는 참으로 나를 위해 주었는데."

자기를 따라 오라고 손을 흔드는 것 같았다.

"그래, 그때 꿩잡이가 거위를 잡았다고, 사실대로 말했더라면, 이처럼 고단한 삶은 살지 않아도 되었을 것을."

굴을 향해 휘청거리며 걸어가는데, 가을날 환한 햇빛이 그늘진 나무 잎과 가지 사이에 빛의 폭포를 내리쏟고 있었다. 빛의 줄기가 얼굴을 스칠 때 하늘을 우러렀다. '꿩잡이' '들소' '염소' '짝귀' '젖소가슴' '마을 어르신' '들소 똥' '염소 똥'이 쥐불놀이 깡통 돌듯이 하늘에서 마구 돌았다.

산들바람은 무슨 일이 있었는지도 모르고 저 혼자 살랑

거렸다. 나무 가지마다 잎사귀마다 가볍게 손 더듬을 하고 있었다. 바람 속에서 나뭇잎들이 반짝였다.

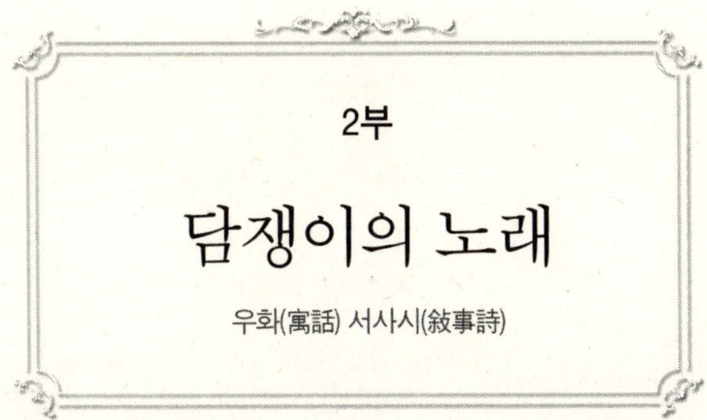

2부

담쟁이의 노래

우화(寓話) 서사시(敍事詩)

바람을 부르며 손을 흔듭니다.
기적처럼 바람이 다가와 손을 잡으면
행복하게 춤을 춥니다.

서시(序詩)

꼿꼿이 설 수 없다고
서러워하지 않습니다.

스스로 지탱할 수 없다고
괴로워하지도 않습니다.

오르겠다는 마음만으로
높은 세상을 마주합니다.

천천히 오르면서
너른 세상을 보렵니다.

탄생 신화 1

어머니는 낙엽송을 오르다가
바람결에 노래를 얹었습니다.

직박구리는 어디에 있나요?
달달한 열매를 준비해 두었지요.
붉은머리 오목눈이는 어디서 헤매시나요?
그대 뺨처럼 붉은 잎을 보세요.
곤줄박이는 어디서 날개를 쉬나요?
잎이 진 가지에 열매가 익고 있어요.
굴뚝새는 어디에서 기웃거리나요?
작은 열매가 맛있게 익었어요.
어치는, 까마귀는, 멧비둘기는
어디에 있나요?
지나는 길에 들러도 반갑지요.

잎겨드랑이 파고드는 한기 속에서도
어머니는 쉬지 않고 노래를 불렀습니다.

탄생 신화 2

산수유 가지를 서성이던
곤줄박이의 귀에
어머니 노래가 들렸습니다.

끊어질 듯 이어지는
간절한 마음이
검은 귓바퀴를 감돌았습니다.

정수리의 흰 깃을 휘날리며
한 달음에 날아와
반갑게 손을 잡았습니다.

부리를 비비며 인사를 나누고
암청색 열매 몇 알
가슴에 품고 날았습니다.

탄생 신화 3

카오스에서 나오던 날은
하늘도 푸르렀습니다.

굴러 떨어진 아픔도 잠시,
매서운 바람도 잠시,
천지를 분간할 수 없는
외로움도 잠시,
바람에 날리던 낙엽들이
쉴 사이 없이 덮여
답답한 세월이 쌓였습니다.
눈이 내리고
다시 녹던 어느 날
봄비 내리는 소리에 소스라쳐
눈을 떴습니다.

가늠할 수 없는 통증 사이
향기로운 기쁨에 떨었습니다.

성장기 1

저 푸른 하늘 좀 보세요.
흰 구름 사이 반짝이는 햇빛,
까마득 솟은 나무들의 정수리를 지나
흔들리는 잎을 탄주(彈奏)하며 부르는
사랑의 노래를 들어 보세요.

미풍을 타고 저렇게 번지는
초록 치마 주름을 따라
저기 저, 물결보다 더 출렁이는
저기 저, 사랑보다 더 흔들리는
우리들의 속마음을 보세요.

계족산 성터로 가는 길,
하늘이 높아 까마득 솟아 오른 나무들,
나무 그늘 아래 청청한 이끼를 가꾸는
집채만큼 너른 바위를 보세요.
이까짓 바위쯤이야 숲 그늘을 타고 올라
품안에 가두고 말겠어요.

성장기 2

계족산 성터를 오르는 길은
역사를 찾는 길입니다.

길은 백제로 이어지기도 하고
혹은 신라로 이어집니다.
성터 돌 틈에서는
가끔 고구려 병사의 억양도 묻어나는데
우리들 옆구리를 강하게 휘감으며
푸른 상처를 싸맵니다.

이 바위를 넘어서면
바로 천년을 지난 돌들을 만날 터,
휘몰아치는 감동보다 더
절실한 만남을 위해
속 빈 굴참나무를 지나, 눈빛 형형하게
진군의 나팔을 붑니다.

성장기 3

한사코 손을 흔듭니다.
바람이 오지 않아도
바람을 부르며 손을 흔듭니다.
기적처럼 바람이 다가와 손을 잡으면
행복하게 춤을 춥니다.

때로는 비가 내립니다.
빗물이 흐르는 바위 결에 단단히 붙어
잎을 지탱하던 흡착근(吸着根)을 깨워
젖은 하늘에 손사래를 칩니다.
가문 날에 잠시 멈추었던 그 길을
힘차게 오를 수 있습니다.

한 뿌리에서 생명을 얻었습니다만
우리는 수많은 잎이 있습니다.
잎의 수만큼 마주보는 뿌리가 있습니다.
하나의 잎이 바람을 부르면
수만의 바람이 불어옵니다.

하나의 뿌리가 바윗돌을 잡고 오르면

우우우, 수만의 손들이 성벽을 오릅니다.

* 흡착근(吸着根) : 담쟁이의 잎과 마주한 덩굴손의 끝에 있음. 사물의 표면에 달라붙는 기능을 가짐.

성장기 4

둥근 바위를 타고 넘어
성벽의 틈에 밀착하였습니다.
발치에서는
작은 메꽃이 잎자루를 감고 오릅니다.
성벽 아래에서 만난 댕댕이덩굴도
잎자루를 둘둘 말며 앞서 오릅니다.

간지러움 따위야 무시하고 오를 수 있지요.
아침에 피어나는 메꽃이
분홍빛 그리움을 담아 세상을 열어도
오불관언(吾不關焉),
눈길도 주지 않을 셈입니다.

앞서 오르는 댕댕이덩굴의 당당함에
가끔은 속이 상하지요.
흡착근도 없이 나를 타고 넘어
바로 한 뼘 앞에서 흔드는 꼬리를 인내하며
돌담 끝의 평화를 찾습니다.

성장기 5

오늘은 날씨가 싱그럽습니다.
옆에서 같이 오르는 이웃들과
마음을 나눕니다.
수만 갈래로 오르는 우리들의 힘
너른 하늘에 흔들리는 우리들의 손.

저 멀리, 먼저 오른
이웃들도 함께 손을 흔듭니다.
푸르게 성벽을 덮은 무서운 집념을 보면서
서로가 힘을 얻습니다.
앞서거니 뒤서거니 오르는 우리들 앞에
세상의 벽은 존재일 뿐입니다.

세상의 주인이 바뀌어도
우리들은 멈추지 않습니다.
온통 덮다가 밑동이 베어져 죽는다 해도
울거나 절망하지 않습니다.
새로운 힘으로, 다시 오를 우리들의
저 푸른 함성을 들어 보세요.

친구의 편지 1

꾀꼬리 울음이 산에 넘칩니다.
어린 담쟁이도 눈을 떠서
굴참나무 가지 사이 푸르르 풀풀 날아다니는
노랑 여신(女神)을 만납니다.

언제나 우리도 저토록 높은 나무 끝에
바람처럼 닿을 수 있을까?
날개에 실려 오는 봄의 온기를 나누며
달뜬 눈동자에 다가서는 그대!
이룰 수 없는 우리들의 사랑 안에서
영혼처럼 맴도는 징표!

이제 우리의 사랑은
바람에 실려 초원을 달리겠지요.
눈빛으로 저 높은 5월의 하늘을 날아도
사랑은 마음에만 둥지를 트는 것,
그래요, 짝사랑이지요.

친구의 편지 2

소가 들이받았을까,
울타리처럼 쌓아 세운 시멘트 담
가운데 널빤지 두 개에 구멍이 뻥 뚫렸습니다.

시멘트 담에는 틈이 많습니다.
매끄럽지 않은 틈새기를 파고들어 자라는
우리에게는 틈새기가 생명줄입니다.
그 틈으로 덩굴손이 벋어 자라고
덩굴손마다 둥근 흡착근이 몸을 지탱하여
온통 파랗게 덮었습니다.

푸른 세상을 만들고 손사래를 치면서도
뻥 뚫린 구멍이 아쉬웠습니다.
아래에서 더 올라가지 못하고
흔들릴 뿐, 위에서도 더 내려오지 못하고,
옆에서도 손이 닿지 않는 한계

그 블랙홀 틈서리로

바람과 햇빛이 나들이를 합니다.
굴뚝새 부리가 내려준 서글픈 운명,
뿌리 내리고 숨결을 가꿀 뿐입니다.

친구의 편지 3

땅따먹기 하듯 오르다 보니
작은 벽을 온통 쓸었습니다.

빈틈없이 빼곡한
우리의 잎과 잎 사이에서
우리의 어린 덩굴손이 하늘을 향하지만
돌아오는 것은 더운 숨결뿐입니다.

이제 우리는 서로
형제의 몸을 타고 올라야 합니다.

서로 엉켜 죽는 것은 아닐까요?
형제의 몸을 타고 넘으면
어마뜩*하게 숨이 막히지는 않을까요?

* 어마뜩 : '무섭고 꺼리는 것'을 표현하는 충청남도 공주시 등지에서 쓰는 말. 무섭고 꺼리는 것을 만났을 때 지르는 '어마뜨거라'와 유사한 의미로 보임.

친구의 편지 4

건너갈 수 있는 곳은 오로지
시멘트로 덮인 도로뿐입니다.

3면은 가파른 낭떠러지
더 이상 내려가지 못합니다.

손을 뻗어 죽죽 나아가면
어느새 자동차 바퀴가 지납니다.

다시 뻗어 힘차게 나아가도
다시금 자동차가 새순을 지웁니다.

천년, 만년 되풀이를 하면
살아남아 저 길을 건널까요?

친구의 편지 5

우리 동네 담쟁이의 대부(代父)님이 몇 날을 떨면서 지내던 날, 드디어 사단이 벌어졌습니다. 찻길에서 내려, 골짜기와 벼랑을 지나도 한참 코빼기에 땀이 송글거려야 찾아올 우리 마을에 몇몇 사람이 들렀습니다. 우리의 할아버지 앞에서 자기들끼리 하는 말이 가관입니다.

"이 놈을 1m쯤 자르지!"
"그게 좋겠습니다."
"1m 50이면 어떨까?"
"구부러질 것 같은데요."
"뿌리도 잘 정리해 두지!"
"네, 그러겠습니다."

그날로, 우리 동네 존엄의 상징이던 우리 할아버지 몸은 지상 1m에서 베어졌습니다. 자로 재었다니까, 그 높이가 우리의 1m 기준이 되었습니다. 내년 봄에 와서 캐간다고 합니다. 두 손으로 마주 잡을 수 없을 정도로 굵어, 홀로 선(獨立) 담쟁이* 1호가 되리라 기뻐합니다.

* 1m 직립 담쟁이 분재용, 둘레 40cm가 넘는 담쟁이가 베어졌고, 그 다음해 봄에 캐갔음. 아메리카나 유럽에는 스스로 설 정도로 굵은 담쟁이가 많지만, 우리나라에서는 드문 일이라고 함.

* 홀로 선 담쟁이 : 기대어 오르지 않고, 스스로 직립(直立)을 지탱할 정도로 굵고 단단한 담쟁이.

친구의 편지 6

고속도로 방음벽을 오릅니다.
이 벽을 오르면
안으로 꺾여 숙은 곳까지
올라 넘어가면
싱그러운 세상을 만날 수 있을 것 같아서
가끔은 땅내를 맡을 것 같아서
쉴 새 없이 기어올랐습니다.
사람들이 만들어준 틈바구니도 지나고
몇 해를 지나면서
푸른 하늘과 만난 벽을 넘어섰습니다.
우리 모두의 소망과
우리 모두의 노력으로 벽을 타 넘었지만
그 곳이 바로 영어(囹圄)의 시작이었습니다.
넘어도 갈 곳이 없어
옆으로 길을 내며 벽을 채웠습니다.
누군가는 보기에 시원하다고 할지 모르지만
우리들은 매연에 죽어가야 합니다.
폐를 앓고 있는 친구들은

주저 없이 베어져 담 밖으로 던져집니다.
우리는 한계 앞에서
나아갈 방향을 잃은 어둑신이*입니다.

* 어둑신이 : 되바라지지 않고 어수룩한 데가 있다는 '어둑하다'에서 명사형을 만듦.

친구의 편지 7

작은 폭포 아래 버들을 오릅니다.
폭포소리가 산을 깨워
내 가슴에도 맑은 물이 들 때쯤이면
여름의 푸른 노래가 넘칩니다.

가끔 물을 마시러 오는 다람쥐가
내 몸을 타고 달아납니다.
그가 사라진 오솔길은
물안개가 길을 쓸어 말끔합니다.

오르던 사람들이 돌아간 산에
낙엽이 기슭을 에워싸는데
폭포에서 떨어지던 물방울들이
버드나무 둥치를 차갑게 적십니다.

겨우내 얼어붙은 얼음조각처럼
숨도 쉬지 못하고
가을 잎도 떨구지 못한 얼음 조각으로
봄을 맞이해야 할까 봅니다.

친구의 편지 8

나는 산수유처럼 빠알간 열매를
본 일이 없습니다.
그토록 노란 꽃에서 자란 열매가
저렇게 빨갈 수 있다니요.

산수유처럼 나를 외롭게 한 이가 없습니다.
붙잡아 오르고 싶지만
가느다란 다리에 울음부터 나옵니다.

겨울 얼어붙은 눈송이 사이
빨간 열매들이 어울려 아름다움을 빚어도
어치*의 맛있는 간식일 뿐이지요.

가끔은 산수유 붉은 열매를 쪼던 부리를
내 가슴에서 씻어
가눌 수 없는 행복에 젖습니다.
추위에 지친 어치의 발톱까지 사랑합니다.

* 어치 : 새 이름

친구의 편지 9

초여름에 퍼덕이며 돌아와서
개개비 둥지에 알을 낳는 뻐꾸기를 보면서
합장하듯이 바위 둘레를 감습니다.

참나무 숲을 좋아하는 뻐꾸기는
개개비가 품는 알이 부화할 때까지
숲 언저리를 날면서 애를 태웁니다.

초여름 숲을 가로지르며
뻐꾹 뻐꾹 뻑 뻐꾹 울어대면
둥지에서 자란 새끼들이 따라나섭니다.

둥지의 빈 하늘이 서러웠을까요?
황당한 모습으로 뒤 따르는 개개비가
한없이 불쌍해도 어쩔 수 없습니다.

친구의 편지 10

우쭐대며 오르던 나무 중간이
태풍에 부러졌어요.
큰일 났어요.
오를 곳이 없어져서
우두망찰하여 하늘만 봅니다.

어디 이사 갈 곳이 없을까요?
어디 오를 만한 나무가 없을까요?
부러진 나무
아랫도리나 칭칭 감고
수수 백년 살아볼까요?

친구의 편지 11

토담*을 타고 올랐습니다.
흙과 여물을 섞어 쌓아 올린 토담,
그 안의 세상이 궁금하여
소리 없이 기어올랐습니다.

장맛비가 내리던 여름,
지붕은 어디론가 날아가 버리고
소낙비에 토담이
부스러지기 시작하였습니다.

단단히 흡착근을 박았던
우리의 몸이 나동그라지고
뭉텅뭉텅 떨어져 내리는 흙과 함께
꿈도 조각나 떨어졌습니다.

* 토담(흙담) : 토담틀에 재료를 넣고 다진 벽. 재료는 흙만 쓰기도 하고, 흙과 여물(볏짚을 잘게 썬 도막)을 섞어서 쓰기도 함. 벽돌로 지은 담과는 다름.

친구의 편지 12

가녀린 우리의 형제들이 해미읍성*의 성곽을 밀어내었답니다. 성벽을 온통 덮어 고풍스럽고 운치 있다는 말, 그래서 아름답다는 말은 흘러간 역사랍니다. 우리의 뿌리가 벽 안으로 파고들어 촘촘하게 쌓인 돌을 조금씩 밀어내어 '배부름 현상'이 일어났답니다.

그 벌로 우리들을 모두 자른답니다.

이제 누가 있어 봄이면 연록 새잎을 피워낼까요? 이제 누가 있어 여름의 짙푸른 손사래를 내저을까요? 이제 누가 있어 가을의 붉게 타는 정염을 보여줄까요? 이제 누가 있어 하얀 눈 속에서도 겨울의 앙상함을 견디며 작은 새와 짐승들에게 열매를 나눌까요?

까마득한 역사가 잠시 멈춥니다.

* 해미읍성 : 충청남도 서산시에 있는 옛 성(사적 제116호)의 이름. 조선 성종 때 왜구의 침입을 막기 위해 축조, 1886년 천주교 박해 때 이곳 관아로 1,000여 명의 천주교 신자들이 잡혀와 고문과 처형을 당한 성지.

친구들의 편지 13

낙안읍성 서쪽 성벽에서도
덩굴들이 한 뼘 한 뼘 오르면서
땅따먹기를 하고 있습니다.

오랜 세월을
담쟁이들이 독차지했던 벽인데
댕댕이 덩굴이 발치를
감아 오릅니다.
메꽃 줄기도 휘감아 올라
어느새 앞장을 서고 있습니다.

옆의 나무들은 봄내
햇빛 따먹기를 하고 있습니다.
굴참나무 그늘 멀리
가죽나무 새순이 높습니다.
그 곁에서 산수유는
노란 꽃으로 친구들을 부릅니다.

낙안읍성 성벽길을

서쪽에서 남쪽으로 거닐며 나누는

추억 따먹기는 사람들의 몫입니다.

친구들의 편지 14

찾아오는 이웃이 부럽습니다.
산새처럼 소풍도 가고
나비처럼 날고 싶습니다.

아무리 오랜 세월이 흘러도
한 자리를 지켜야 하는 운명이지만
그 운명이 가끔 속상합니다.

자존(自尊)의 깃발을 흔들다가도
문득 길을 떠나서
새로운 세상을 만나고 싶습니다.

친구들의 편지 15

도저히 잠들 수 없습니다.
연세가 몇 십 년인지,
혹은 몇 백 년인지 셈할 수 없는
서문 성벽을 휘돌아 덮었던 할아버지,
그 분의 밑동이 잘렸답니다.
계족산 무너진 성돌을
다시 쌓아 올리면서
담쟁이에게 죄를 뒤집어 씌웠답니다.
조선시대도 아니고
고려시대도 아니고
삼국시대에서부터였을 터,
어떻든 헤아릴 수 없이 까마득한 세월,
그 세월의 죄를 담쟁이에게 물어
싹둑 잘라버렸답니다.
도저히 우리의 힘만으로는
성돌을 허물어트릴 수가 없습니다.
그런데도 우리들이 성벽을 허물었다면서
밑동을 싹둑 잘랐답니다.
그 아픔으로 잠을 잘 수가 없습니다.

진실 고백 1

사랑하는 사람과 함께 하고 싶은 순결한 마음을 담쟁이에 담아 노래하여 고맙습니다.

그를 향하여 〈마치 담쟁이덩굴처럼〉 감겨들고 싶은 간절한 소망을 노래하여 고맙습니다.

그의 품에서 〈담쟁이덩굴처럼 휘감겨〉 붙어 있는 행복한 자신을 노래하여 고맙습니다.

그의 곁에서 〈당신의 숨결을 호흡〉하고 있는 온전한 사랑을 노래하지만, 담쟁이는 사력(死力)을 다하여 눈물겹게 붙어 있을 뿐입니다.

* 〈 〉 : 감미로운 사랑의 노래 [La Hiedre](칸초네. 작사 : 다키스토, 작곡 : 세라치니, 스페인어 가사 : 데 자노)의 한국어 번역본 가사 일부 인용.

진실 고백 2

오슬로 뭉크미술관에 있는 [붉은 담쟁이]* 그림. 한없이 흔들리는 담쟁이 붉은 잎이 바로 그의 마음이라고, 불타는 적색(赤色)이 그의 사랑이라고, 아픈 사랑은 어쩔 수 없이 흔들리며 성숙하는 거라고, 뭉크의 담쟁이 그림 앞에서 상상의 나래를 폅니다.

* 붉은 담쟁이(Red Virginia Creeper) : 노르웨이의 화가 에드바르트 뭉크(Edvard Munch:1863~1944)의 작품 이름.(원어명 : Die Rote Kriechende Pflanze)

진실 고백 3

'수우'가 창을 엽니다. 담쟁이 잎이 떨어지면 죽을 거라며 암시하던 '존시'가 눈을 돌린 창문 건너 벽의 담쟁이 잎이 흔들리지 않고 붙어 있습니다.

[마지막 잎새]*에서 우리 담쟁이는 폐렴으로 절망하던 존시를 살려냈습니다. 아, 그렇지만 그 담쟁이 잎은 '베어먼'이 그린 그림이었습니다.

솔직하게 고백합니다. 존시가 살아난 것은 담쟁이 잎이어서가 아닙니다. 아이비 잎이거나, 나팔꽃 잎이었어도 존시는 하늘을 우러렀을 일입니다.

* 마지막 잎새 : 오 헨리의 단편소설 제목.
* ' ' : 마지막 잎새에 나오는 인물들.

진실 고백 4

우리는 담쟁이일 뿐입니다. 사람들이 때로는 우리의 전진을 부러워하지만 뼈아픈 허상일 뿐입니다.

사람들이 〈어쩔 수 없는 벽〉이라고 느낄 때 우리 〈담쟁이는 말없이 그 벽〉을 오른다고 합니다. 사람들이 〈절망의 벽〉이라 말할 때 우리 〈담쟁이는 서두르지 않고〉 나아간다고 합니다. 사람이 넘을 수 없는 벽 앞에서 고개를 떨굴 때 우리 담쟁이는 〈그 벽〉을 넘는다고 합니다.

그러나 그 벽 너머에 내려갈 수도 없는 아찔한 벼랑이 있어, 우리는 제자리걸음으로 흔들리다 엉켜 버릴 뿐입니다. 낮은 벽 하나 오른 것을 두고 세상을 정복한 것처럼 칭찬하지만, 우리가 오를 수 있는 길은 고작 서너 ‘장’* 남짓입니다.

길이 아닐 때, 사람들은 돌아가기도 하지만, 더 나아갈 길이 없어도 돌아설 수 없는 것이 우리의 슬픈 삶입니다.

* 〈 〉 : 도종환 시 [담쟁이] 일부를 인용하였음.
* 장 : 길이의 단위. 10자.

진실 고백 5

우리는 별난 족속이 아닙니다. 그냥 태어난 대로 자라서 열심히 오르고 뻗어나갈 뿐입니다.

〈누군가는/ 메아리 없는 벽을 향해〉 열렬하게 고백해야 한다고 하지만 우리는 세상의 메아리가 있거나 없거나 바람에 흔들리며 오를 뿐입니다. 〈누군가는/ 한 줌 습기 없는 땅에서도〉 봄을 기다려야 한다고 노래하지만, 그것은 우리 이웃 모두 같습니다. 〈누군가는〉 마침내 〈거대한 불모의 벽을 허문다.〉고 하지만 허물 수 있는 것은 물젖은 토담뿐입니다.

가끔, 박수를 받는 우리지만, 음습(陰濕)한 곳이어야 싱싱하게 자라는 우리는 과잉 상징에 멍이 듭니다.

*〈 〉: 임헌우 시 [담쟁이에게] 일부를 인용하였음.

갈등기 1

바위를 넘어 성벽에 오를 때
좌로, 좌로만 나아가던 곁가지 하나가
소나무에 반했습니다.
감싸고 오르며
가슴 절절한 사랑을 속삭였습니다.
소나무도 가끔 애틋한 목소리로
바람결에 답장을 보내 왔습니다.
그러나 그 소나무는
자잘한 솔방울을 다닥다닥 기르며
힘겨운 세월을 보냈습니다.
하늘을 가린 왕소나무와 굴참나무 사이
햇빛을 그리워하다가
슬픈 노래를 부르다가
푸른빛을 잃자
우리 형제들이 우우 울었습니다.
오를 곳이 없어진 저기 저 형제들,
죽은 가지가 삭아 내리면
몸통이 부서져 내릴 터이니
우리 형제도 함께 무너져 내려야 합니다.

갈등기 2

가문 날 새벽바람을 마시며
우리의 행보(行步)를 생각합니다.

숲 그늘이지만
햇볕이 몰고 오는 더운 바람 속에서
몸으로 전달되는 무서움
견딜 수 없는 외로움을 생각합니다.

나무들이 잎을 접습니다.
우리도 잎을 접습니다.
몇 날을 버텨야 빗발울이 쏟아질까,
가늠할 수 없는 기다림으로
하나씩 잎을 떨구어야 합니다.

오르던 길을 잠시 멈추고
먼저 지는 잎의 희생을 묵상하며
잊지 않으리라 약속합니다.
끝끝내 살아내리라 다짐합니다.

가문 날 밤이슬을 맞으며
달빛도 햇빛인 양 무섭습니다.

갈등기 3

역사를 바꾸기 위해서는
곁붙지 말고 스스로 서야 합니다.
담쟁이가 홀로 서기 위해서는
굵은 몸통 중간을 자르고
수많은 줄기와 가지를 버려야 합니다.

혹여, 진저리치며 몸통을 잘라내고
아픈 상처가 아물고,
어린 줄기로 밑동을 감싸 두른다면
슬프고도 아름다운
직립의 소우주(小宇宙)를 만날까요?

갈등기 4

보세요,
저처럼 아름다운 숲이 있잖아요.

보세요,
저처럼 단단한 벽이 있잖아요.

보세요,
저처럼 맑은 하늘이 있잖아요.

어깨를
겯지르며 오를 형제가 있잖아요.

그러나
우리의 꿈은 고작
3m쯤 올라볼까요?
5m쯤 올라볼까요?
10m쯤, 그 언저리가 꿈입니다.

갈등기 5

간절한 소망으로 까마득히 올라서야
지지(知止) 지지(知止)
멈추어야 함을 알았습니다.

잎겨드랑이에서 돋아난 꽃대에
시위대 촛불처럼 노래를 가꾸어도
바람소리,
천둥소리에 묻혀
우리 가슴에만 메아리칠 뿐입니다.

데모꾼들처럼 스크럼을 짜고
성벽을 점령해도
승리의 나팔소리는 없습니다.
흐르는 바람결에 몸을 맡길 뿐입니다.

사랑일기 1

성벽 틈에 뿌리를 내립니다.
질푸른 계절을 만나
꽃도 피어납니다.

성돌과 성돌 사이를 건넙니다.
바람에 흔들리다
아스라하게 틈새를 건넙니다.

다듬어 맞춘 매끈한 성돌에는
틈 하나 보이지 않지만
우리는 틈을 만들며 나아갑니다.

노루의 눈에도 보이지 않는 틈새
까마귀의 눈에도 보이지 않는 틈새
사람의 눈에도 보이지 않는 틈새
우리 담쟁이에게는
그 틈새가 생명줄입니다.

보이지 않는 틈새를 만들며
우리는 세월까지도 기어오릅니다.

사랑일기 2

파랗게 돋아나는 이끼가
반가운 친구입니다.

이끼도 우리처럼
젖은 세월을 좋아합니다.

내린 빗물이
오랫동안 머물면 좋습니다.

이끼도 우리처럼
음습(陰濕)한 곳을 사랑합니다.

겨울에 얼어죽을지라도
북쪽에 태어나기를 소망합니다.

파랗게 이끼가 돋아나는
햇빛이 살짝살짝 비추다 떠나는

굴참나무 숲 그늘

그 곳에서 함께 살고 있습니다.

사랑일기 3

나는 혀를 갖고 싶습니다.
여름날 피어나는 산나리 꽃처럼
속을 환하게 비추는 암술처럼
사랑스런 말을 나누게
연하고 부드러운 혀를 갖고 싶습니다.

타고 오르던 나무가 부러져
상심하는 친구를
일으켜 세워줄 수는 없어도
한 마디 위로를 나누고 싶습니다.

하늘처럼 잘 오르던 친구들이
길옆에서 산다는 이유 하나로
낫질 한 번에 숨이 끊어지는
그 친구를 지켜줄 수는 없지만
한 마디 위로를 나누고 싶습니다.

바람이 우리 꿈을 가꾸듯이
나도 친구들이 다시 일어서게 하는
마력(魔力)의 언어를 통하여
하늘에 닿고 싶습니다.

종시(終詩)

사랑은 원래
몸과 몸이 부딪혀 소리 나는
악기와 같습니다.

그대와 나의 사랑도
몸과 몸이 부딪혀 소리 나는
오롯한 노래입니다.

가끔 뼈가 부러지는
아픔을 염려해 눈을 피하지만
사랑은 눈물겹습니다.

어느 쓸쓸한 저녁에
적막을 깨고 찾아오는 초승달이
그대인 듯 반갑습니다.

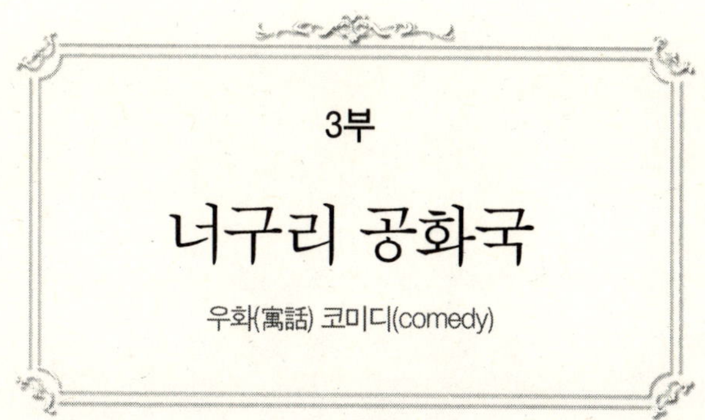

3부

너구리 공화국

우화(寓話) 코미디(comedy)

서로 보고 있지 않지만, 두 너구리
들의 입가에는 이상한 미소가 흘렀다.

소녀의 기도

너구리 공화국의 초등학교 1학년 소니아가 기도를 하였습니다.

"우리나라 국회의원들은 모이기만 하면 싸웁니다. 얼굴을 붉히고, 욕설을 하고, 자기들만 옳다고 소리를 지릅니다. 국회의원들이 싸우지 못하게 차라리 1명으로 해 주세요."

소니아의 기도가 이루어졌습니다. 국회의원은 자기 혼자지만 나라를 위해 열심히 일을 하였습니다. 그런데 갑자기 문제가 생겼습니다. 심심한지 그 국회의원의 왼손과 오른손이 다투기 시작하였습니다.

코를 후비던 왼손이 오른쪽 뺨을 톡 건들었습니다. 보고 있던 오른손이 왼쪽 뺨을 툭 건들었습니다. 그러자 왼손이 오른쪽 뺨을 탁 때렸습니다. 오른손도 왼 뺨을 타닥 때렸습니다. 왼손이 오른 뺨을 퍽 쳤습니다. 오른손도 왼 뺨을 퍼벅 쳤습니다. 왼손이 오른 뺨을 빽 갈겼습니다. 오른손도 왼 뺨을 빼벅 갈겼습니다. 그러다가 뒤엉켜 주먹을 날리다가 인사불성이 되어 쓰러졌습니다.

너구리 공화국의 초등학교 1학년 소니아가 다시 기도를 하였습니다.

"감사합니다. 우리 공화국에는 한 명의 국회의원도 없습니다. 이제 조용합니다. 푹 자도 될 것 같습니다. 정말, 정말 고맙습니다."

너구리 공화국 감찰부장

1.

너구리 공화국의 감찰부장이 TV에 나왔다. 마이크 앞에서서 고개를 숙이는가 싶더니, 눈빛을 반짝이며 카메라를 노려보았다. 결연한 표정이었다. 눈자위를 씰룩거리면서 침을 꼴깍 삼키더니 말을 꺼냈다.

"나, 너구리 공화국 감찰부장 차도우는 하늘을 우러러 한 점 부끄럼이 없습니다. 내가 바람을 피워 술집 여자한테서 아들을 보았다는 주서니 신문의 보도는 사실이 아닙니다. 바닷가 마을 부서니에서 근무할 때 그 술집을 몇 번 다녔습니다. 직장 동료들과 술집을 다닌 것이 죄가 되는 것은 아니지 않습니까? 내가 소부리로 자리를 옮겼더니, 그 술집 주인도 소부리로 따라와서 술집을 열었을 뿐입니다. 알던 사람이 술집을 열었다고 하여, 동무들과 자주 갔습니다만, 아무 관계도 아닙니다. 나는 그 여자와 함께 잠을 잔 기억이 없습니다. 따라서 아이도 내 아이가 아닙니다. 그래서 주서니 신문에 정정 보도 소송을 제기하였습니다. 이상입니다."

카메라에 초점을 맞추어 눈빛을 쏘아대던 그가 돌아서서 건물 안으로 들어가려 하였다. 카메라 불빛을 반짝이며 따르던 기자들이 손을 흔들며 이구동성으로 소리를 쳤다.

"질문을 받으셔야지요!"

"질문은 받지 않겠습니다."

"질문 하나씩은 받으셔야지요!"

"질문은 받지 않습니다."

"그러면 신문의 보도가 모두 사실이라는 것을 인정하는 것으로 기사를 보도해도 되겠습니까?"

"아니라고 하지 않습니까?"

"그러니까요. 몇몇 질문을 받고 답변을 하면, 우리가 그 내용을 기사화하여, 먼저 기사가 사실무근이라고 쓸 것 아닙니까?"

고개를 갸우뚱하던 그가 돌아섰다. 다시 마이크 앞에 섰다. 자신 있는 모습으로 주위를 둘러보며 말하였다.

"그러면 단답형으로 간단하게 물어보시기 바랍니다."

바로 앞에 있던 소부리 신문 기자가 한발짝 앞으로 나섰다.

"처음 보도가 되었을 때 그 술집 주인 수푸르 씨를 알지도 못한다고 하셨는데, 그것은 어떻게 된 일입니까?"

감찰부장은 입가를 씰룩거리다가 대답을 하였다.

"그것은 사람을 모른다고 한 것이 아니라, 애를 날 정도로 가깝게 아는 것이 아니라는 말이었습니다. 됐습니까?"

그러자 도아리 신문 기자가 다시 앞으로 나섰다.

"그 수푸르 씨가 자기 아들 학적부에 애 아버지 이름을 '차도우'라고, 감찰부장님 성함을 올려놓았다고 서신을 보냈답니다. 주서니 신문과 하그래 신문, 두 개의 신문사로 보냈다고 합니다. 그 서신에 의하면, 감찰부장님 명예가 손상되는 것이 틀림없는데, 그 술집 주인 여자 수푸르에게는 소송을 하지 않으십니까? 신문사보다 그 쪽에 하는 것이 오해를 풀 수 있을 것 같은데요. 신문에 보도되고 시끄러운 모든 원인이 그 여자 때문 아닙니까?"

입맛을 다시던 감찰부장이 손을 흔들다가 독백처럼 지껄였다.

"해명을 해 준다고 하더니, 늪으로 끌고 들어가는 것 아니요?"

그때 하그래 신문 기자가 너구리들을 제치고 앞으로 나섰다.

"감찰부장님, 호나미 마을 대의원 지워라가 말하기를, 옳은 일을 하는 감찰부장을 미워하는 정치 세력이 정치적 보복을 하는 것이라고, 정치기자들을 다 불러놓고 기자회견을 하였습니다. 어떻게 생각하십니까?"

죽을상을 짓던 감찰부장이 득의에 찬 얼굴이 되었다. 그야말로 우군을 만나 어깨를 펴는 모습이었다. 만면에 웃음기를 띠면서 산뜻하게 대답하였다.

"맞습니다. 그 분의 말씀이 맞습니다."

다시 하그래 신문 기자가 다시 앞으로 나섰다.

"그런데, 지워라 마을대표는 그런 사실들을 어떻게 알고 있었을까요? 감찰부장님은 바지 벗는 일까지 하나하나 모두 시시콜콜 그 마을대표에게 보고를 하십니까?"

"다른 보고는 십년이 넘도록 해왔지만, 허리 아래 일까지는 절대로 말하지 않습니다."

"그 사람이 촌장 비서실장으로 있을 때부터였나요?"

"그랬을 겁니다. 내가 그런 너구리입니다. 아셨어요?"

그 자리에 있던 너구리들이 폭소를 터뜨렸다. 배가 아파 허리를 굽히고 웃는 너구리들도 여럿이었다. 실수한 것이 멋쩍었던지 감찰부장은 땡감을 씹은 표정이었다.

그때 주아리 신문 기자가 손을 흔들며 앞으로 나섰다.

"유전자 검사는 정말 받으실 겁니까?"

"그런다고 하지 않았습니까?"

"참 이상하십니다. 조서니 신문에 허위사실이 기사로 나왔다면, 분명 명예훼손이 되었으니, 정정보도 청구소송을 하실 게 아니라, 명예훼손으로 소송을 하면, 법원에서 유전자 검사를 시행하라고 판결할 것 아닙니까? 그러면 아주 쉬운 일인데, 구차한 변명으로 일관하십니까? 쉬운 길을 두고 왜 돌아가십니까? 잠잠해질 때를 기다리며 먼 길을 돌아서 가십니까?"

"내가 바보로 보입니까?"

"아닙니다. 정말 아닙니다. 그렇지만 술집 주인 수푸르 씨를 걸어 명예훼손 소송을 해도 법원에서 유전자 검사를 강제로 하게 할 것 아닙니까? 간단할 걸 왜 안 하십니까? 신문기사 정정소송만 하십니까?"

"내가 바보로 보입니까?"

"바보가 아니니까, 더 이상한 것 아닙니까? 간단한 길 두고 돌아서 가시니…."

그러자 감찰부장은 휑하니 안으로 사라졌다. 기자들이 우르르 쫓아가려고 하자, 건장한 청원경찰이 앞을 막았다. 소리치며 손을 내저어 보지만, 현관문만 안팎으로 흔들렸다.

2.

그 모습을 뒤에서 지켜보던 너구리가 있었다. 어딘가 기품이 있어 보이는 늙은 너구리 신사가 혀를 끌끌 차더니, 옆에 서 있는 젊은 너구리에게 혼잣말처럼 한마디 하였다.

"그 여자 주소도, 전화도, 주민등록번호도 모두 알려져 있는데, 그를 명예훼손으로 소송을 하지 않고 유전자 검사를 하자고, 말만 하는 것은 싸인을 주는 거지. 죽어도 검사하지 말라는 의미를 계속하여 전달하는 것이지."

"그런가요?"

"암 그렇다마다. 그러다가 조용해지면, 호나미 마을의 지워라 대의원을 만나 어디 지방 선거 공천이라도 받으려는 거 같아. 자기의 부끄러운 처신으로 빚어진 일을 국가대표의 폭압이라고 발뺌을 하는 것을 보면 말이지."

"그럴까요?"

"그럴 거요. 허허 일국의 감찰부장이라는 사람이 허리 아래를 놀렸으면 당당하게 고백하고 석고대죄할 일이거늘, 저렇게 치졸하니, 어허 참, 나라꼴이 이게 뭐람!"

"그러게요."

노신사가 앞서 나서는 현관 밖에는 저녁노을이 짙게 물들어 있었다. 어찌 보면 너구리 공화국 차도우 감찰부장 얼굴색과 같았다.

누가 믿을까?

*

너구리 마을의 천강 여사는 오늘도 무애 여사네 집을 어김없이 찾는다. 만나면 다투고, 다시 만나지 않을 것처럼 하다가도 하루만 보지 않아도 궁금한 것이 두 사람 사이다. 무애 여사는 읽던 잡지를 내려놓으면서 천강 여사를 바라본다.

"세상에 이럴 수가 있담."

"왜?"

"아무리 못 믿어도 이럴 수가 있담."

"궁금하다. 무애야!"

무애 여사는 읽던 잡지를 건넨다. [pc방 유모어]라는 코너가 있고, 입을 크게 벌리고 웃는 두 사람의 모습이 우스꽝스럽게 그려져 있다.

*

국회의원을 태운 승용차가 빗길에 미끄러져 절벽 아래 논두렁으로 추락했다. 때마침 폭우를 걱정하던 농부가 논을 살피러 나왔다가 그 현장을 목격했다. 농부는 땅을 파고 국회의원을 정성껏 묻어 줬다.

며칠 뒤 파출소장이 지나가다가 부서진 승용차를 보았다. 차적 조회 후 그 지역 국회의원의 승용차임을 알고는 깜짝 놀랐다. 마침 그 곳을 지나가던 그 농부에게 어찌된 영문인지 아느냐고 물었다. 농부는 파출소장에게 사고가 난 경위를 설명해 주고 자신이 그 차에 있던 국회의원을 고이 묻어 줬노라고 말했다.

놀란 파출소장이 물었다.

"아니, 그 국회의원이 그 자리에서 즉사했다는 겁니까?"

농부가 대답했다.

"뭐 살아 있다고 외쳤지만, 그 사람 말을 믿을 수가 있어야지요."

*

천강 여사의 입가에도 미소가 떠올랐다. 그러더니, 손뼉을 치며, 방이 좁을세라 몸을 흔들어 대며 웃었다. 쌓였던

스트레스가 확 풀리는 것 같았다. 비자금을 여기저기에 숨기는 남편의 얼굴이 떠올랐다.

"얘, 무애야. 국회의원을 믿을 수 없는 것은 사실이야. 그리고 우리 남편 비자금도 믿을 수 없는 게 사실이구."

무애 여사와 천강 여사는 오랜만에 손을 맞잡고 웃어 제꼈다. 웃을 일, 웃기는 사람이 있거나 말거나 두 사람은 오랜 친구일 뿐이었다. 사실은 이미 들어 알고 있는 유머였지만, 무애 여사도 손뼉을 치며 크게 웃었다.

그 아버지에 그 딸

"만약 북쪽 너구리들이 쳐들어오면? 그 상황 대처를 누가 제일 잘 하겠어?"

맥주를 마신 후, 손등으로 입술을 쓱 문지르면서 무애 기자가 말하였다.

"특전 부대에서 근무했다면서 얼룩 옷을 입고 다니는 문세열이가 어떨까? 북쪽 애들이 쳐들어 와도 특전 부대 정신으로 물리칠 수 있지 않을까?"

술잔을 놓으며 천강 기자가 말하였다.

"북쪽 애들이 말로 싸우냐! 북쪽 너구리들이 칼로 싸우냐! 북쪽 놈들이 옛날 따발총으로 쳐들어 오냐! 그렇다면, 되겠지. 그런데, 산을 넘어 오는 곡사포는 어찌할 거야! 탱크 철판도 뚫는 직사포로 쳐들어오면 어찌할 거야! 그 포탄을 이마로 받아넘길 거야? 빤짝이는 안경으로 반사시킬 거야. 헤딩으로 축구공처럼 되돌려 보낼 거야? 말이 되는 소리를 해야지. 말이 되는 소리를."

주 기자가 한 모금 남은 맥주를 마저 마시고 나서, 잔에 남은 허연 거품처럼 시니컬하게 말하였다.

"어이, 주 기자! 그건 좀 심한 말 아니야?"

송 기자가 천강 기자를 거들면서 한 마디 하였다.

"나는 누구든지 다 그래 보여. 정치하는 놈들 모두 도둑놈처럼 보여. 돈 먹지 않은 놈 없고, 거짓말 않는 놈 없고, 의무보다는 권리만 찾는 놈들뿐이라고, 정치를 하는 놈들은. 이런 세상에서 사는 것이 나에게는 가장 큰 비극이라면 비극이지. 나에게는. 자, 술이나 먹자구. 술이나 쳐넣자구!"

남은 술을 털어 넣으며 주 기자가 딸꾹질을 하였다.

"아니, 그러면 주류융합대학원 교수는 어때? 명태잡이를 하다가, 칵테일 바를 하면 돈을 벌 것 같아서 크게 성공했다고 그러던데. 아내와 동생이 이사로 있는 회사에서 돈도 왕창 벌었다고 그러던데. 그 돈을 좋은 곳에 쓰겠다고 무슨 법인도 만들었다고 그러던데. 그러다가 대학교수가 되었다는데. 그 너구리가 어때? 정당은 없지만, 정당에 신물이 난 너구리들이 미쳐서 따라다니더구만. 어떤 놈이 하면 별 수 있어? 덜 오염된 놈으로 뽑자구. 전쟁 나면 언제는 지놈이 직접 싸우겠어? 국군이 싸우는 것이지."

천강 기자가 돌아다니다가 얻어 들은 토막 이야기를 막 섞어서 지껄였다. 말의 핵심이 무엇인지 알 수 없었다.

그러자 주 기자가 인상을 쓰면서 큰 소리를 내었다.

"그것은 아니지. 명태잡이하던 그물로, 하늘에 날아다니는 포탄을 전부 엮어서 바다 속에 처 넣으면 되겠네. 명태잡이를 하기 전에 병원 의사를 했다고 그러던데, 수술 칼로 탄피나 벗겨서 엿 사먹으라면 잘 하겠네. 그것이 촌장이 되는 비결이지. 하얀 까운으로 날아오는 포탄을 받아서 엿 사먹으라면 잘 하겠네."

주 기자는 언제나 삐딱한 말 일색이었다. 자신을 빼면 이 세상 어느 누구도 믿을 놈이 없다는 것이 그의 지론이었다.

그 말을 들으며, 참고 있던 무애 기자가 답답한 듯이 한마디 하였다.

"그러면 누구를 뽑으면 좋겠어? 우리 남쪽 너구리 마을의 촌장을 뽑기는 뽑아야 할 것 아니겠어?"

"그러면 여자 한 사람 남았네. 그렇지만 군대도 다녀오지 않은 사람을 뽑을 수는 없지 않아. 북쪽 애들이 저렇게 눈을 뻘개 가지고 있는데."

천강 기자가 답답해서 한 마디 하였다. 천강 기자는 누구나 촌장이 되어도 좋은 사람이었다. 아무 생각 없이 술만 마실 수 있다면 그것으로 족한 몸짓이다.

그러자 송 기자가 몸을 앞으로 숙이며 말하였다.

"그럴까? 그녀는 여자이지만, 담대하다고 그러던데."

"그런 소문이 있어?"

천강 기자는 더 궁금한 눈치다.

"왜 오래 전에 촌장을 하던, 그 아버지가 총에 맞아 죽은 날이었다지 아마. 그때 촌장 비서실장이 그 사실을 알려야 했다네. 그런데 그 딸이 놀랄까봐, 조심조심 사실을 알리자. 눈을 똥그랗게 뜨고 한 마디 했다더구만."

"뭐라고?"

"이랬다네. 〈실장님! 전방은요?〉 아버지의 죽음 앞에서 나라의 안위를 더 걱정했다고 그러지. 20대의 젊은 여자가 그 정도면 불알 달린 것들 100명보다 낫지 않아? 나는 불알을 차고 있지만, 나는 그녀가 존경스럽기만 하네."

"정말 그랬대?"

천강 기자가 놀라는 표정을 지었다. 기자 생활을 그렇게 오래 했으면서 천강 기자는 무엇을 들었는지, 무슨 생각을 하고 있는지, 도저히 알 수 없는 너구리였다.

그러자, 주 기자가 토를 달았다.

"어렸을 때부터 촌장 관사에서, 마을 걱정을 하는 아버지와 함께 살았으니, 그럴 수도 있겠지. 어머니가 작고하시고는 퍼스트레디 역할을 하였으니, 나라 일에는 빠끔할 것 아냐! 그렇지만, 남쪽 마을과 북쪽 마을이 포탄을 날리는 전장에서, 여자의 몸으로 어쩌겠어! 놀라서 자빠지지 않으면 다행이지."

그때 송 기자가 한 마디 더 거들었다.

"그래도 놀라 자빠지지도 않았대. 담대하기가 남자 장군들 열 명보다 세었다더군. 그 비서실장 회고록에 나오는 이야기야. 이 이야기는.

불알을 차고 다니는 어떤 놈은 말을 해놓고도 기억이 나지 않는다고 하고, 불알을 차고 다니는 어떤 놈은 군의관으로 입대하면서 졸병들이 타는 입영열차를 탔다고 거짓말을 하는 놈도 있고, 한 입으로 여러 말을 하여 진실이 있기는 한 지 모를 놈도 있고, 필요한 것은 기억이 잘 나다가도 불리하면 기억이 안 나는 놈도 있지. 모두 믿을 수 없는 놈들만 우글거리지.

그에 비하면 여자지만, 한 마디 한 마디 말에 무게가 실려. 그런 너구리가 촌장이 되면 어떨까?"

듣고 있던 천강 기자가 나섰다.

"아니, 그래도 그렇지. 어찌, 여자를 촌장으로 뽑을까!"

"여자도 여자 나름이지, 그보다 더 믿을 수 있는 너구리 어디 있어?"

"없지. 정치하는 놈들 모두 사기꾼이거든."

"언제 그녀가 〈나는 생각나지 않네.〉라고 발뺌을 한 적 있어?"

"없지. 젊은 놈도 지네 엄마가 사 준 집 증여세를 냈나, 안 냈나 생각이 나지 않는다고 하던데. 그 말은 안 낸 것이 분명하거든. 정말 분명하거든!"

"나라를 걱정하는 지도자가 필요한 거야. 우리 너구리 마을은 남과 북으로 갈라져 있어서, 나라를 걱정하는 지도자가 가장 필요한 거야. 위기가 닥칠 때 침착하게 위기를 넘길 수 있는 너구리가 필요한 거야. 그것도 과거를 거울삼아야 하지. 시장이나 국회의원이라면 여러 명 중 하나가 잘못해도 그만이야. 그렇지만 촌장은 한 명이고, 마을의 운명이 달린 문제여서, 믿을 수 없는 너구리에게는 맡길 수가 없는 것이거든."

송 기자가 열변을 토하였다.

"그래?"

천강 기자는 무엇이든지 금시초문이라는 표정이다.

"그 아버지가 촌장을 할 때 우리 마을이 얼마나 발전을 했는가, 이런 것을 생각해야지."

송 기자가 매듭을 지었다.

그러자 주 기자가 또 이죽거렸다.

"그래도 아비의 굴레를 벗어나기는 힘들 거야. 잘한 일도 많지만, 그 아버지 때문에 고통을 받은 너구리도 많거든. 누가 뭐래도, 그 아버지에 그 딸 아니겠어?"

기다렸다는 듯이 송 기자가 나섰다.

"그 아버지에 그 딸만 되면 돼! 그러면, 우리 남쪽 마을은 희망이 있어. 살길이 생기지. 암. 더도 말고, 덜도 말고, 그 아버지만큼만 하면 돼!"

남쪽 너구리 마을 촌장 선거를 두어 달 앞두고 술집마다 불이 붙었다. 술이 쓴지, 세월이 쓴지, 정치가 쓴지, 눈살을 찌푸리면서 한 마디씩 했다. 술이 속을 태우는지, 정치가 속을 태우는지, 연기를 내뿜으며 열변을 나누었다. 말이 되는지, 아닌지도 모르는 채 너구리들은 말씨름으로 밤을 보내고 새벽을 맞았다.

신나는 외출

말싸움에서 진, 너구리 마을의 천강 여사는 다시금 무애 여사를 이길 궁리로 책을 뒤적이며 멋진 칼날을 찾았다. 그러나 천강 여사가 볼 만한 책은 거의 무애 여사가 먼저 독파를 했을 테니, 그야말로 난공불락이었다. 그러다가 유모어 책에서 한자(漢字)를 이용하여 낸 문제를 보았다. 쾌재를 부르며 무애 여사 댁 대문을 들어섰다.

"무애야, 너, 한자(漢字) 실력이 좀 있지?"

"있긴 뭐가 있어. 너하고 같이 고등학교 때 배운 게 모둔데. 그래도 넌 문과대학에서 공부했으니, 네가 좀 낫겠다."

"얘, 무애야, 부부 싸움에 대한 한자(漢字) 넌센스 문제인데, 정확하게 쓸 수 있어야 하는데, 네가 할 수 있을까 몰라."

“그래? 한번 공부하는 셈 치고 풀어보지 뭐.”

무애 여사도 심심하던 차였는지 관심을 보였다.

“부부싸움에서의 십도(十道)라는 거야.”

“부부싸움을 하면서도 도를 찾니?”

“하여튼 그런 게 있다고 치고. 내가 내는 문제를 풀어봐. 너도 부부싸움은 하지 않니?”

“가끔 의견이 다를 때도 있기는 있지.”

천강여사가 득의만만하게 문제를 내었다.

“첫째는 ‘상대의 특기와 주먹의 강도를 미리 알고 덤비는 것’ 이것을 한자(漢字)로는 뭐라고 하니? 한 글자로 써봐!”

“알고 덤빈다? 그럼 지혜 지(智)겠네 뭐.”

“그럼, 2도(道)로 넘어갈게. ‘비록 상대방이 아픈 표정을 짓는다 해도 과감히 무시하는 것’은?”

“과감히 무시한다? 그것, 참 곤란한데. 과감하다, 과감하다? 혹시 굳셀 강(强) 아냐?”

“맞았어. 삼도(三道)는 ‘때려서 피가 나는 곳은 두 번 때리지 않는 것’은?”

"야, 요즘 세상에도 때리고 맞는 부부들이 있다니?

"그래도 있다고 치고."

"글쎄, 잘 모르겠는데."

"너도 모르는 게 있니? 그것은 선(善)이야."

"착할 선(善)? 한번이라도 때렸는데, 어떻게 착하다고 할 수 있다는 거야. 이건 말도 안 된다. 말도 안 돼."

"낸들 아니? 책에 그렇게 쓰여 있을 뿐이야. 너보다는 책을 쓴 사람이 나을 것 아니냐?"

"그렇긴 하겠지만, 납득하기 어렵다. 얘."

"좀 그렇긴 그래. 다음 4도(道)는 '싸움 중에도 두발이나 의상이 흐트러지면 바로 고치는 것'은?"

"싸우면서 옷을 단정히 입는 사람도 있니? 그냥 싸우는 거지."

"그래도 있다고 치고."

"글쎄. 꼴 보기 싫은 것을 고치니, 억지를 쓰면, 미(美)라고 해도 되겠네."

"그래 미(美)야. 말이 되는지 안 되는지는 나도 모르지만 책에 그렇게 써 있네."

"좀 억지스럽다."

"그렇지? 다음 5도(道)는 '옆집에서 살림을 부수며 싸우는 것을 안타까워하면서도 말리지 않는 것' 이것은?"

"세상에 그렇게 인정 없는 사람도 다 있니? 우리 주변에는 그런 사람 없다. 얘!"

"어떻든 문제나 풀어 봐!"

"글세, 억지를 쓰면, 인(仁)이라고도 하겠다. 너그러움도 때로는 무관심과 통하니까."

"얘는 척척이다. 다음 6도(道)는 '말리는 사람이 있어도 그 사람 어깨 너머로 과감히 주먹을 날리는 것'은?"

"아까는 강(强)이었으니, 이번에는 용(勇)이라고 할까. 진정한 용기보다는 만용에 가깝겠지만, 어떻든 이런 넌센스 문제에서는 그럴 것 같애."

"맞아, 척척 박사다, 얘. 다음 7도(道)는 '맞은 쪽보다 때린 쪽이 먼저 사과를 해야 하는 것' 이것은 뭐라고 할까?"

"예(禮)라고 하면 되겠다. 그러나 꼭 그렇지만은 않을 거야. 남을 때리는 것을 '예'라고 할 사람은 아무도 없을 터인데도 그렇게 답을 만들었다면, 그 사람은 부부 싸움을 하면서 손찌검을 하는 사람 같다. 예."

"어떻든 문제에 대한 답은 맞았다. 다음은 8도(道)인데, '살림을 부수어도 값나가는 것은 부수지 않는 것' 이것은?"

"약으니까, 현(賢)이라고 할까?"

"그래. 9도(道)는 '주먹을 날리면서도 서로 정통으로 때리지는 않겠지 하고 생각하는 것'은?"

"부부가 믿는 구석이 있으니, 신(信)이겠지."

"얘, 너, 대단하다. 마지막 10도(道)는 '싸움이 끝난 뒤 맞은 곳을 서로 주물러 주고 잔해 처리를 함께 하는 것'은?"

"글세, 의(義)라고 해야 할까. 염(廉)이라고 해야 할까. 아니면 인(忍)이라고 해야 할지 잘 모르겠다."

"그래? 잘 몰라? 그럼 내가 이긴 것이다. 그렇지?"

"그런 것도 같다. 나는 이런 부부싸움을 해보지 않아서 잘 모르겠다. 그런데 너는 어쩜 그렇게 잘 아니? 늘 이렇게 싸우며 사니? 니네 신랑이 너만을 위해 하늘의 별도 따다 준다고 했다며? 그리고 고급 승용차를 생일 선물로 사주었다며? 지금 타고 다니는 게 그 차 아니니? 그런데, 넌 어떻게 그리 잘 아니? 오늘도 부부싸움을 하면서 맞고 때릴 거니? 참 대단하다. 그렇게 사는 널 보면, 참 대단하다는 생각이 들고, 때로는 존경스럽다. 참 대단해!"

무애 여사의 말이 끝나기도 전에 천강여사는 하이힐을 신고 있었다. 비꼬는 것은 비꼬는 것이고, 오늘 집에 가서 맞을 일은 맞을 일이고, 어떻든 무애가 졌다고 했으니, 내용 여하에 상관없이 이기긴 이긴 것이었다.

대문을 나서는 천강 여사의 발걸음이 가벼웠다. 곗돈 날려서 남편에게 닦달을 당할지도 모를 그녀였지만, 오늘만은 신나는 외출이었다.

너구리 공화국 천막당사

*

너구리 공화국은 정치로 해가 뜨고 정치로 해가 지는 나라다. 정파의 크기는 크게 셋으로 나누어져 있다. 반쪽 깃발당, 반의 반쪽 주민당, 그리고 반의 반쪽을 나누는 여러 세력이 서로 자기주장만 옳다고 한다.

공화국은 명백하게 3권 분립이 되어 있지만, 마을 대의원회의가 가장 막강한 힘을 가졌다. 공화국 번영을 위해 아무리 시급한 법령이라고 하더라도 간신히 반을 넘긴 '깃발당'만으로는 아무 소용이 없다. 민주주의 원칙인 다수를 강하게 따른다는 합의에 의해, 독재에서나 가능한 3/5 찬성을 규정해 놓았다. 법령 하나도 '주민당'의 허락 없이는 개폐하거나 수정할 수 없다.

그래서 법령 통과를 볼모로 잡고, '주민당'은 국회에서 어슬렁거리거나, 밖으로 나가 소리를 지르거나, 밤에는 중심마당에서 촛불을 들고 소리를 지르거나 지들끼리 희희낙락하였다.

*

오늘도 공화국의 중심마당에 불법으로 천막을 치고 목소리를 높였다. 앉아서 잡담을 하다가, 신문기자라도 나타나면 "1대 1 영수회담을 수락하라!" 소리를 질렀다. TV 카메라가 나타나면 369게임이나 하던 사람들이 갑자기 일어나 "너구리 공화국 민주주의 만세!"를 목이 터지게 불러댔다. 그러면 모두 일어나서 '누가 왔는가?' 두리번거리며 소리를 질렀다.

함께 소리치던 '지앙차이' 대의원이 대표에게 걱정스럽게 말하였다.

"저기 '하느질' 대표님, 우리의 본업은 공화국의 번영을 위해 법령을 개폐하거나 수정하는 것인데, 이러다가 다음 대의원 선거에서 큰일 나는 것 아닙니까?"

허공에 소리를 지르던 하느질 대표가 돌아보며 말하였다.

"아니, 힘을 모아도 부족할 때에 그런 말이 가당합니까?"

지앙차이 대의원도 물러서지 않았다.

"지 주장은 정말, 우리의 본업에 충실해야 할 때가 지금이 아닌가 하는데요. 그란데 이것은 좀 그렇다 이겁니더."

그러자 하느질 대표는 모두 들으라는 듯이 더욱 소리를 높였다.

"우리의 천막 당사가 보이지 않습니까? 이것은 공화국의 민주주의를 완성해야 한다는 위대한 소명이 깃든 성지란 말입니다. 성지. 아시겠어요?"

흩어져 잡담을 하던 너구리들이 우르르 몰려들었다. TV 카메라만 나타나면 가장 먼저 뛰어와서 주먹을 흔들며 소리를 지르던 대의원이 앞서 뛰어왔다. 손가락으로 지앙타이 대의원에게 삿대질을 하면서 소리를 질렀다.

"당신이 뭔데 그런 말을 한다요?"

"나는 주민당 최고위원으로서 걱정스러워서 한 말입니다."

"우리 주민당 최고위원이라고라요? 오랜만에 나왔으믄 저쪽에 쭈구려 앉아 간이나 보시지라우!"

"이런 초선을 보았나? 삼선에 최고위원인 나에게 이렇게 무례해도 되는깅가. 엉?"

"최고위원도 최고위원 나름이지라요. 하는 말마다 못 마땅한 말을 해싸믄서 대접을 받을라고 하나베. 허참 씨브럴!"

"아니, 씨브럴이라니, 초선이 삼선 대의원에게 씨브럴이라니, 하느질 대표! 말좀 해 보세요!"

그러자 대표 너구리는 지앙차이가 당하는 꼴을 보며 만면에 웃음을 띠었다. 걸음걸이도 산뜻하게 대표 천막으로 들어갔다. 그 뒤를 따라 들어가려는 지앙차이를 막으며 당직자가 나섰다.

"최고위원님, 대표님과 면담 약속을 하셨던가요?"

"약속은 무슨, 지금까지 함께 있었는데."

"그라믄 안 되자, 요. 여기는 대표님 방이시기 때문에 약속을 하셔야 들어갈 수 있음다. 미리 약속이 안 되았음 돌아가시지, 요."

"당신들이 내 길을 막아? 같은 주민당 최고위원이 대표를 따라 대표 천막에 들어가려는데, 길을 막아? 그러면서 대표는 '국통령'이 자기를 만나주지 않는 것을 독재라고 하는 것인가?"

그러더니 갑자기 소리를 죽여 무겁게 말을 하기 시작하였다.

"하느질 대표님, 대표님은 저 싸가지들을 따라 여기까지 왔지만, 머잖아 저 싸가지들에게 토사구팽을 당할 낍니더. 그때 눈물로 후회해도 소용없을 낍니더. 바른 말 하는 사람이 없는 기는 저 싸가지들이 더러워서 그러는 깁니더. 대표님의 진심을 알고 있는 많은 대의원들이 있읍니더. 그라니 잘 생각을 해보시고, 빨리 대의원 전당으로 들어갑시더. 그래서 우리 민생 법안을 심의하고 통과시키십시더. 그라야 국민의 지지를 되찾아 다음을 기약할 수 있는 깁니더. 지는 가지만, 잘 생각해 보이시더."

*

지앙차이가 총총 걸음으로 사라졌다. 몰려다니며 떼거리로 소리를 지르던 초선 대의원들이 모였다. 지앙차이를 내쫓은 초선을 둘러싸며 환호하였다. 그 중에서 한 너구리가 나서며 걱정스런 말을 꺼내었다.

"우리가 이러는 것이 옳기는 옳은데, 그래도 걱정이 됩니다."

"무슨 걱정이라우?"

"마을에 내려갔더니, 대의원회에서 일도 하지 않으면서 세비를 꼬박꼬박 챙기느냐구 물어요. 그런다고 했더니, '야 이 도둑놈아!' 소리치며 달려들어요. 이제 지역구 가기도 무서워요. 잘못 하면 달걀세례를 받을 것 같아요."

"하긴 우리 마을도 심상치 않은 공기예요."

"나도 욕을 실컷 먹었어요. 민생 법안은 통과시켜 놓고 촛불 데모를 해도 해야 하는 거 아니냐고, 소리 소리를 질러요."

"우리 초선들도 한번 생각해 보아야 하는 것 아닌가요? 선명한 것도 좋지만, 나라와 국민이 먼저잖아요?"

그러자 지앙차이 최고위원을 내쫓은 싸가지가 앞으로 나섰다.

"아니, 동지들, 이렇게 마음이 약해져서야 되갔습니까?"

호나미 마을 사투리를 쓰던 너구리가 갑자기 북쪽 마을 사투리를 쓰면서 강하게 말하였다. 호나미 사투리도 강할 때는 강하고, 살살거릴 때는 간을 빼먹는 것 같아 겁이 나는데, 북쪽 마을 사투리를 쓰니, 온 몸에 소름이 끼치는 것을 느꼈는지, 하나씩 흩어지려고 하였다.

"아니, 동지들, 내 말이 아직 끝나지 않았다 말입니다! 거, 모두 멈추라요!"

그 소리에 모두 얼어붙은 듯이 멈추어 섰다.

"모두 이리 돌아오시라요!"

하나 둘씩 돌아섰다.

"이기는 하나 분명히 기억하시라요! 우리가 대의원회에 들어가믄 누가 좋겠음메? 저기 깃발당 에미나이, 국통령 에미나이만 좋을 기 아니겠음!"

그러자 한 너구리가 용기를 내어 대꾸하였다.

"시급한 민생을 위한 것이고, 이것은 국민을 위한 일이지 않습니까?"

싸가지가 핏대를 올렸다.

"그런 정신으로 하니까, 매번 지는 것이라요. 너구리 강토에 참꽃이 만발할 때까지 우리는 고난의 행군을 해야 하지 않겠음!"

*

그들의 대화를 듣고 있던 몇몇 당직자가 저무는 하늘을 보며 담배를 피워 물었다. 하고 싶은 말이 많지만, 서로의 눈치를 보느라 담배 연기만 내뿜었다. 그러다 한 너구리가 먼저 입을 열었다.

"아니, 저런 것들도 대의원인가?"

"좀, 그렇지? 자기 마을을 대표해서 나라 일을 보라고 뽑아 보냈는데, 하라는 일은 않고 말이지."

"지만 하지 않으면 다행이지, 일을 하려고 하는 대의원들을 겁박이나 하고 있으니….”

“그 겁박에 눌려 꼼짝도 못하고. 그런 너구리도 대의원인가? 참 내 더러워서! 씨부러!”

“뺏지를 달았으면 대의원이지.”

“그럼, 그럼, 우리랑은 성분이 다르다네.”

그들이 내뿜는 담배 연기가 산산이 흩어졌다. 저무는 서녘에서부터 붉은 노을이 내려앉기 시작하였다. 그러자 하나 둘 촛불을 켜기 시작하였다. 어느새 천막 당사 앞에는 촛불이 듬성듬성 꽃밭을 이루어 갔다. 바람에 흔들리는 촛불이 주민당을 바라보는 너구리 국민들의 눈빛 같아 하구리 신문 취재기자의 마음은 무거웠다.

얄미운 사람

너구리 마을의 천강 여사가 호들갑을 떨며 들어섰다. 옆을 티운 치마가 무릎 위로 올라갈 정도로 바람을 몰며 다가왔다. 물색 곱게 세모시 한복을 입고, 아이들 옷에 떨어진 단추를 달던 무애 여사가 눈길을 돌렸다.

"지구가 반쪽이라도 났나? 뭬 그리 바쁘누?"

"요즘 세상에 단추를 다 달고. 무슨 청승이냐? 그보다 더 중요한 일이 있어서 그래."

"뭔데 그리 급하누?"

"말 시키지 마. 말하면 잊어버리니까."

무애 여사는 입을 다물고 천강여사의 얼굴을 잔잔하게 쳐다보았다. 파리 한 마리가 윙 날아 천강 여사의 어깨에 앉았다. 하얀 윗도리에 검은 파리가 부조화의 조화를 이루고 있었다.

"야, 무애야! 너도 모를 문제 가져왔다. 좀 풀어 볼래?"

"문제라니, 뭐 그게 그것 아니겠누?"

"음, 지금 바로 저 아래 이층집 여자한테서 듣고 뛰어 왔어. 너한테 문제를 내야하는데, 문제 내는 내가 잊을까봐 뛰어왔단다. 얄미운 년 시리즈라는데, 엄청 웃긴다."

"묻기나 해봐, 문제 내다 네가 잊고 끙끙댈라!"

"10대 중에서 가장 얄미운 년은 어떤 년이게?"

"그거야? 공부 잘하고, 얼굴 예쁘고, 부모 돈 많은 년이라면서?"

"어디서 들었어? 그럼 20대는?"

"어디서 들었건 말건. 20대는 이놈 저놈하고 연애할 것 다하고도 학벌 좋고 돈 많은 놈한테 시집 잘 가는 년이라고 하던데."

"별걸 다 아네. 그럼 30대는?"

"얼굴이면 얼굴, 몸매면 몸매, 모두 성형수술로 뜯어고쳤는데, 하나도 표시나지 않고 예쁜 년이라면서!"

"모르는 게 없어, 얜. 그럼 40대는?"

"글쎄, 저는 공부 지지리 못해서 대학교도 못 갔는데, 자식은 일류대학에 쑥쑥 들어가서, 학창시절 공부 잘하던 친구들 기죽이는 년이라고 하더구만."

"아는 게 많아 배도 고프겠다. 그럼 50대는?"

"50대에서 가장 얄미운 년은, 먹을 것 다 먹고, 특별한 운동도 하지 않는데, 똥배가 하나도 나오지 않는 년이라고 하더구만. 그렇지?"

"이 지지배는 모르는 게 없어, 그렇다면 마지막으로 60대 얄미운 년은?"

"돈 벌 것 다 벌어 놓고, 남편이 죽어 입이 찢어진 년이라고 하더군."

"참, 아는 것도 많다. 그럼, 마지막이다."

"마지막으로 60대 얄미운 년까지 했는데, 또 무엇이 남았누?"

"아니, 하나 남았어! 너도 이건 모를 거다. 자 문제다. 주는 것 없이 얄미운 년은?"

"어, 그것은 시리즈에 없던데…."

천강 여사는 고소롬했다. '지까짓 게 똑똑하면 얼마나 똑

똑하다고?' 한번도 지는 적이 없는 무애 여사를 바라보는 입가에 회심의 미소가 서려 있다. '오늘은 네가 졌다.' 천강 여사의 금팔찌가 더욱 빛이 나고 있었다. 무애 여사는 천강 여사의 얼굴을 바라보며 미소로 궁금증을 달랬다.

"잘 모르겠는데. 천강아, 답이 뭐야?"

"너는 모를 거다. 바로 너니까. 한 번도 져주지 않는 네가, 주는 것 없이 얄미운 년이다. 왜!"

천강 여사는 혀를 한번 낼름 하고는 도망치듯 뛰어나갔다. 옆이 터진 치마 사이로 굵은 무다리가 뒤룩거리고 있었다. 구두 위로 솟아오른 발등은 앞산만 했다. 얄미운 년 다운 구석은 눈을 씻고 찾으려야 찾을 수 없었다.

쯔츳!

1.

너구리 공화국 행복일보 기자들이 생맥주 한 잔씩 들고 있었다. 여자들은 눈치껏 빠져나가고 언제나처럼 넷이 술잔을 기울이며 돌아가는 이야기들을 안주로 삼았다.

"어때? 국정원 댓글 사건은 어디로 풀려 가겠어?"

무애 부장이 말문을 열었다.

"그거 뭐 누구나 아는 얘기 아닌가요? 국정원에서 조직적으로 댓글 작업을 지시했다면, 죄가 있을 거구요. 심리전 요원들이 자의적으로 했다면, 해프닝으로 끝나지 않겠어요?"

송 기자가 시큰둥하게 받았다.

"아니, 그게, 그게 말이 됩니까? 국정원이 조직적으로 벌인 일이지. 그럼, 그럼 개인이 지 좋아서 정치 댓글을 달고 그럽니까? 말이, 말이 되는 이야기를 해야지. 말을!"

얼굴이 빨개져서 말을 더듬으며 주 기자가 벌떡 일어섰다.

"정말? 조직에서 직접 지시를 한 거야? 아니라고 그런다며?"

술이 떡이 된 천강 기자가 풀어진 눈빛으로 대꾸했다.

"아무 것도 나온 것이 없어요. 하나도 확정된 것이 없어요. 재판을 해보아야 알겠지만, 재판을 통해서도 아무것도 밝혀지지 않을 수 있어요. 진실은 밝혀진다고 그러지만, 정치가 끼어들면 진실보다 여론이 제 마음대로 가는 것이지요."

선배인 천강기자를 바라보며 송 기자가 이죽거렸다.

"야! 송 기자, 그럼 네 말은 무어야? 조직적으로 했다는 거야! 아니라는 거야! 답답해 죽겠네. 진실을 말해봐!"

천강 기자도 지지 않고 목소리를 높였다.

"조직적으로 했어도 증거가 나오지 않으면 말짱 도루묵이라는 거지."

남은 술을 넘기며 주 기자가 한 마디 덧붙였다.

"딴죽당이 강력하게 투쟁을 하겠다고 하는데, 머리를 삭발하는 의원도 있고, 촛불을 들고 시청 앞을 서성이는 의원도 있고, 그런데, 신머리당은 너무 어정쩡한 것 아니야? 정원의 반이 넘는 의원들이 너무 무기력한 것 아닌가? 그렇게 당하기만 해야 하는가?"

무애 부장이 허공을 바라보았다.

"방법이 없지요. 딴죽당이 원하는 것을 한 주먹 집어주면 모르지만!"

송 기자가 받았다.

"뭘 집어줍니까? 딴죽당이 뭘 받아먹으려고 촛불시위를 한다는 말입니까? 아닐 겁니다. 적어도 우리 너구리 공화국의 민주주의를 발전시키려고 그러겠지요. 독재를 타도하고, 민주주의를 지킨 정당이지 않습니까?"

딴죽당을 출입하는 주 기자가 용기 있게 변호하였다.

"정당은 뭘 받아먹고 사는 거야?"

새로 나온 맥주맛을 보아야 한다며, 뚜껑을 따던 천강기자가 깜짝 놀란 듯 나섰다. 능을 치는 것인지, 천강 기자는 천연덕스러웠다.

2.

잠시 정치 이야기를 떠나 술잔이 한 바퀴 돌았다. 마른안주도 한 접시 나오고, 주인이 머리를 조아리며 고맙다는 인사를 하였다. 일어서려던 무애 부장이 엉덩이를 털썩 의자에 붙이며 좌중을 둘러보았다. 천강 기자는 쉬지 않고 맥주잔을 계속 비웠다. 남은 셋은 의미 있는 눈짓을 하였다. 그러거나 말거나 맥주는 천강 기자의 목에서 소리를 내며 넘어가고 있었다.

"어떻든, 신머리당은 손을 놓고, 댓글 사건이 잠잠하기만 바라고 있어야겠다는 것인데. 뭔가 반격할 수 있는 꺼리가 없을까?"

오늘도 별 소득이 없을 것 같다는 의미를 담은 목소리로 무애 부장이 한마디 하였다.

"사실은요. 정말 멋지게 벗어날 수 있는 게 딱 하나 있기는 있는데요. 판세를 완전히 뒤집을 거리가 있기는 있는데요."

송 기자가 소리를 낮추었다.

"있기는 있어? 그런데, 말이 신통하지 않은 걸 보니, 들으나 마나일 것 같은데. 그래도 한 번 들어보자."

무애 부장이 눈을 가늘게 뜨고 받았다.

"정말 있기는 있는 거야?"

술을 마시다 말고 천강 기자도 눈을 돌렸다.

"있기는 뭐가 있겠어?"

주 기자가 딴죽거렸다.

"핵폭탄이 될 수도 있구요."

"뭐? 핵폭탄?"

"뭔데?"

"정말이야?"

갑자기 이구동성으로 송 기자를 바라보았다.

"1차적으로 전공노를 건드는 겁니다. 공무원들은 선거에서 중립을 지켜야 할 의무가 있는데, 이들은 딴죽당과 협약을 맺어 조직적인 선거운동을 했습니다. 그들도 댓글 작업과 스마트폰 SNS 선거를 한 것은 누구나 알고 있는 겁니다. 국정원 직원들 숫자보다 전공노의 숫자는 엄청나게 많습니다. 댓글을 조사하면 국정원에서 한 것 몇 백배는 나옵니다. 이것은 매우 중요합니다. 첫째로 댓글의 수에서 비교가 안 될 것이구요. 그 내용이 딴죽당 후보를 돕거나 신모리당 후보를 비방하고 있을 겁니다. 댓글 숫자만으로도 이미 신머리당이 이기고 들어가는 형국일 겁니다. 둘째로 선거사범은 6개월 시효여서 법에는 걸리지 않을 수 있습니다. 그러나 공무원이 불법 선거 운동을 한 것은 시효가 다를 것이구요. 그렇다고 하더라도 모두 찾아서 조사를 하면, 다음 선거에서 그들의 조직적 불법 선거 운동을 사전에 차단할 수 있다는 장점이 있습니다. 다만 누가 총대를 메느냐 하는 것인데, 신머리당 의원들은 온실의 화초 같아서 나설 사람이 없을 것도 같습니다."

미리 준비하였던 것처럼 송 기자는 단숨에 풀어 나갔다.

"야, 송 기자 대단한데!"

천강 기자가 입을 다물지 못하였다.

"그렇지만, 국가 권력기관이 조직적으로 한 댓글과 공무원 개인이 한 댓글이 같을 수는 없지."

주 기자가 나섰다.

"노동조합에서 딴죽당과 단체 협약을 맺고 전폭적으로 반대를 하거나 지지를 선언하였다면, 이것도 법정단체의 조직적 불법 선거 운동이지요."

송 기자는 기가 죽지 않고 대꾸를 하였다.

"그것이 1차 목표라면, 2차 목표도 있겠네?"

무애 부장이 자못 궁금한 표정이었다.

"2차적으로 전교조를 건드는 겁니다. 사립학교 직원들도 있지만, 거의 대부분이 공무원 신분입니다. 이들 역시 전공노와 비슷합니다. 이들의 불법 선거운동을 파헤치고 공격하는 것은 미래 대한민국의 바른 교육을 위해서도 필요합니다. 국사 교육을 제대로 하기 위해서도 그러합니다. 또한 이들의 가장 큰 약점을 터치하는 겁니다. 첫째로, 이들은 해직교사 출신들을 조합원으로 받아들이는 조항을 두고 있습니다. 이는 실정법에 저촉되기 때문에, 우선 법과 상치되는 조항을 수정하라고 명령을 하는 것이 중요합니다. 그래도 받아들이지 않으면 법적 지위를 박탈하는 것이지요. 둘째로, 이들은 아마도 수용하지 않고 반발할 것입니다. 그렇다면, 다음 단계로 조합의 임원들에게 교육 현장 복귀를 명령하는 것이지요. 아마도 그들은 항복할 수밖에 없을 겁니다. 만약 항복하지 않는다면, 휘발유를 들고 불로 뛰어드는 것이나 다름없지요. 국가에서 지원하는 국고보조금 50여억원, 각 교육청이 지원하는 장소와 인건비 등을 합하면 100억원이 넘을 겁니다. 그것을 5~6만의 조합원이 거출하기는 벅차서 수동적이었던 조합원들의 탈퇴도 기대할 수 있습니다. 그러나 신머리당 의원들은 이처럼 좋은 생각을 해내지 못할 겁니다. 생각을 해내도 발설하지 않을 겁니다. 혹시 자신에게 쏟아질 욕설과 비난을 감내하고 극복할 의지가 없을 겁니다. 그들은 온실 속의 화초거든요. 주는 것이나 받아먹는, 그래서 어려울 겁니다."

송 기자의 말은 일사천리로 풀렸다. 뒤로 갈수록 힘을 얻어 단호한 어조였다.

"잠깐, 잠깐, 합리적이었던 송 기자가 오늘은 왜 이래? 그걸 말이라고 하나? '참교육'을 부르짖는 전교조를 그렇게 말살하면, 우리 교육의 발전은 어떻게 하라는 거야! 그것은 퇴보야, 퇴보! 어디 가서 그런 말 꺼내지도 말어! 우리 행복일보가 살아남으려면 말이야. 우리가 그런 내용을 신문에 내거나, 공표해 버리면, 딴죽당이 어떻게 나오겠어? 그거 무섭지도 않아? 내가 그 곳을 드나들어서 조금 아는데, 우리도 잘못하면 죽는다고. 죽어도 좋아?"

주 기자가 몸서리를 치면서 더듬거렸다.

"그런 방법도 있구만. 신머리당이 이런 방법을 찾아낼지도 모르지. 찾아내고서도 송 기자 말처럼 입을 닫고 있을 수도 있고. 우리도 오늘 이야기는 우리끼리 술안주로 삼자고. 자 한잔 쭉 들이켜고 집에들 가지."

네 사람이 맥주 컵을 부딪쳤다. 소리가 나거나 말거나, 컵이 깨지거나 말거나, 술은 잘 넘어갔다.

은밀한 이야기

너구리마을의 천강 여사가 무애 여사를 바라보았다. 이상야릇한 모습이다. 말하지 않고는 병이 생길 표정이었다.

"하고 싶은 말이 있구만."

무애 여사가 말문을 터줬다.

"아주 재미있는 이야기를 들었거든. 들어볼래?"

"하지 말라고 해도 이야기 할 표정인데."

천강 여사는 입맛을 한번 다시고, 그윽하게 무애 여사를 바라보았다. 그리고는 아까운 간식을 입에 넣을 때처럼 더듬거렸다.

"어느 과학자가 정력팬티를 만들었단다."

"그래? 대단하구나."

"이 팬티만 입으면 아랫도리가 불끈불끈, 천하에 옹녀를 데려와도 상대할 정도로 힘이 넘쳐 났단다."

"나도 하나 사야겠다."

무애 여사의 맞장구에 신이 난 천강 여사는 입에 침을 한 번 꼴깍 삼켰다. 그러면서 눈가에 뭔지 모를 장난끼가 섞여 있었다. 천강 여사는 뜸을 들이며 얘기를 시작했다.

"실버타운으로 세일즈를 나가서 힘이 떨어진 할아버지를 상대로 장사를 시작했단다. 이 팬티를 입어본 할아버지들이 힘이 솟는 것을 금방 느끼게 되었지. 그래서 팬티는 날개 돋친 듯 팔렸고, 미처 사지 못한 노인들의 원성이 하늘을 찔렀다는구나."

"왜 안 그랬겠니?"

"다음날 과학자는 충분한 수량의 팬티를 가지고 다시 실버타운을 방문했단다."

"그럼, 돈을 많이 벌었겠다. 그렇지?"

무애 여사의 반응에 천강 여사는 평소 그답지 않게 여유를 부렸다. 무애를 바라보는 모습이 어쩐지 좀 당당해지고, 그러면서 거의 대등한 모습까지 띠는 것을 보면, 특별한 이야기가 들어 있는 것 같았다. 천강 여사는 침을 한 번 더 삼키고 입을 열었다.

"아, 글씨, 그 과학자는 그곳 노인들에게 맞아 죽었다지 뭐냐?"

"왜? 해소할 데는 없고, 힘만 솟구쳐서?"

"글씨, 생각 좀 해봐라."

"생각은 무슨 생각, 궁금하다. 말 좀 해봐라."

대답을 할 듯하다가, 다시 뜸을 들이는 천강 여사를 향해, 오랜만에 무애 여사는 옛 친구로 돌아간 듯한 느낌이 들었다. 재미있게 깔깔거리던 여고 시절이 그립기는 그리운가 보았다. 그러나 궁금한 것은 궁금한 것이었다. 무애 여사가 먼저 안달을 하였다.

"웃지만 말고. 말 좀 해봐라."

"아, 글씨, 팬티를 입고 있으면 힘이 솟구치다가도 팬티만 내렸다카면 대번에 죽더란다."

"죽긴 뭐가 죽어?"

"뭐긴 뭐야? 팬티만 내리면 성난 거시기가 축 늘어지더라니까."

"아하, …."

"아하는 무슨 얼어 죽을 아하야? 그러니 노인들이 환장할 노릇 아니겠어?"

천강 여사는 신이 나서 두 팔로 거시기를 키웠다 줄였다 흉내를 내었다. 무애 여사의 얼굴에 홍조가 돌면서 가슴이 뛰기 시작했다. 두 사람은 해지는 줄도 모르고 거시기를 세웠다 죽였다 흉내를 내며 웃어대었다.

처녀가 애를 낳았다?

*

"우리 '너구리 마을 촌장 선거'를 앞두고 있습니다. 오늘도 툭 터놓고 이야기를 합시다."

정치부장 무애 기자가 먼저 입을 열었다.

"선거법에 걸릴는지 몰라서요."

천강 기자가 걱정스런 모습이다.

"터무니없는 인신공격이 아니고, 비난보다는 정확하게 상황을 정리한다면 괜찮을 것도 같습니다."

송성국 기자가 무애 부장의 발언을 옹호하였다.

"그래도 왠지 찜찜한데요."

천방지축이던 천강 기자가 이번에는 유난히 조심스러워하였다.

"아니, 제기랄 거! 우리가 객관적 입장에서 점검하고 탐색하겠다는데, 누가 뭐라고 합니까? 뭐라고 하는 것들이 있으면, 그것은 뒤가 구린 겁니다. 뒤가 구린 거예요!"

주진구 기자도 강렬하게 동의하였다.

*

"후보 등록 기간이 되면, 다른 분이 입후보 할는지도 모르지만, 현재 3강 구도를 이루고 있는 후보 중에서 유일한 여성 후보에 대한 루머가 점증하고 있는 것 같습니다. 그렇게 봐도 됩니까?"

무애 부장이 오늘의 화두를 제시하였다.

"선거를 앞두고 유력 대권 주자들에 대한 흑색선전이 난무하고 있습니다. 또한 상호 비방전이 점점 수위를 높여가면서 검찰에도 고소와 고발 사건이 쌓여가고 있습니다. 부장님께서 말씀하신 여성 후보에 대한 루머는 하루 이틀 이야기가 아니고, 몇 년 전으로 거슬러 올라가야 합니다. 어떤 건은 10년도 더 된 루머의 재탕이기도 하지요."

송 기자가 간략하게 정리하였다.

*

"첫째는 00저축은행 로비스트 박00씨로부터 로비를 받았다는 것입니다. 그 의혹의 정점에 여당의 후보가 있다는 것이지요. 야당 원내 대표는 그 후보와 박00씨의 만남이 저축은행 업무에 어떤 작용을 했는지 의혹을 밝혀야 한다고 했습니다."

천강 기자가 재빠르게 서두를 떼었다.

"그런데 사실 저축은행과 관련된 루머는 그 후보보다는 오히려, 여당의 후보를 강력하게 비판하는 야당의 원내대표가 더 가까이 있다는 설도 있습니다. 그래서 더욱 기승을 부리고 있다는 추측도 설득력을 얻는 것 같습니다. 이는 언론 보도를 통하여 알려지기도 하였는데, 그 원내대표는 그런 사실이 없다고 부정하기는 부정했답니다."

송 기자가 조심스럽게 덧붙였다.

"우리 속담에 '아니 땐 굴뚝에 연기 날까' 라는 말이 있습니다. 저축은행 로비에서 그 후보와 원내대표를 비롯한 많은 정치인들이 자유롭지 못한 것이 사실일 거도 같습니다. 액수의 크고 작음이 있을 뿐이지, 대부분 로비의 대상이 되었을 개연성이 있기 때문입니다. 그렇지만, 7~8년 전부터 대권을 노리는 그 후보는 엄청 조심스러웠을 것입니다. 그래서 그 후보의 아궁이에 불을 지핀 것이 아니고, 어느 누가 정치적 목적으로 자기 아궁이에 불을 때고, 그 연기 나는 굴뚝을 후보로 내모는 것이 아닌가, 이런 유추도 해봅니다. 아직까지는 공격을 하는 야권에서 분명한 증거를 내놓지 못하고 있습니다."

주 기자가 이상스러울 정도로 여권 후보에 긍정적이었다.

"어? 이상하네? 주 기자는 야당 옹호론자이잖아? 또 좌편향이잖아? 오늘 뭘 잘못 먹었어?"

천강 기자가 의아해서 호들갑을 떨었다.

"사실 그렇잖아. 분명한 증거가 없으면, 이 주장은 야권의 공멸을 부르는 불쏘시개가 될 수도 있어. 나는 이것이 걱정이야. 말과 행동에 그토록 신중하던 여권 후보가 특정인을 겨냥해 직접 고소한 건 이번이 처음이라는 거야. 이것은 매우 중요한 의미를 갖는다고. 근거 없는 마타도어에는 강력하게 대응한다는 메시지거든. 그러면 아마 이를 제기한 야권이 타격을 입게 될 거야. 천강 기자, 내 말 알겠어?"

주 기자가 상세하게 설명을 하자, 천강 기자도 고개를 끄덕였다. 무애 부장과 송 기자도 이에 동의한 듯 고개를 끄덕였다.

*

“여권의 후보가 2002년 방북 당시 북촌마을로부터 ‘성 접대’를 받았다는 의혹을 인터넷매체 ‘온00’의 오00 대표가 제기하여 문제가 생기기도 하였습니다. 그런데, 정말 그런 일이 있을 개연성이 있습니까?”

무애 부장이 화제를 돌렸다.

“절대 그런 일은 있을 수 없습니다. 저도 취재차 북한을 다녀오고 했는데요. 미혼의 여자 국회의원이 북촌마을에 가서 ‘남성’의 성 접대를 받는다는 것은 상상도 할 수 없는 일입니다. 그 후보가 아니라, 남자 국회의원이 갔어도 ‘여성’의 성 접대를 받는다는 것은 어느 누구도 믿지 않을 것입니다. 남북이 첨예하게 대치하고 있는 상황에서 정치를 하는 사람들이 그럴 리는 없습니다. 혹여 사업가라든가, 다른 분야의 사람들이 특정한 유혹에 빠져 북촌마을을 위해 스파이 활동을 할 수 있는 개연성은 있겠지요.”

북촌마을을 여러 번 동행한 경험이 있는 송 기자가 열변을 토하였다.

"그럴 거 같아요. 북한의 현역 의원이 너구리마을 방문했을 때, 남성 정치가에게 여성을 성 접대할 수 있겠습니까? 더구나 북촌마을의 여성이 정치적 대표로 남촌마을을 찾았을 때, 남성 접대부를 통해 성 접대를 할 수 있겠습니까? 남과 북의 대표가 아닌 사람들이 가끔 방한하여 묘한 접대를 받았다는 루머는 돌았지만, 대부분 못 사는 나라의 대표들이었습니다."

주 기자가 당연하다는 듯이 덧붙였다.

"오늘 주 기자가 이상하네. 왜 자꾸 여당 후보 편을 들지?"

천강 기자가 머리를 갸웃거리면서 한 마디 하였다.

"내가 여당의 후보 편을 드는 것이 아니라, 그렇게 말도 안 되는 비난을 하는 야권이 불쌍해서야. 그러니, 의혹을 제기하였던 오00 대표가 검찰에 구속되는 거야. 이런 이야기가 여러 번 재발되면, 여당 후보에 대한 진실성 있는 의혹 제기도 '늑대가 나타났다!'고 거짓말로 외친 목동과 같이 될 것을 걱정하는 거지."

주 기자가 침울한 표정으로 천강 기자를 바라보았다.

*

"그 외에도 여권 후보와 관련된 루머에 고(故) 최00 목사와의 사적인 관계가 지속적으로 유포되고 있습니다. 그와 관련하여 숨겨진 아들이 있다는 설도 재생산되고 있습니다."

송 기자가 답답한 듯이 말하였다.

"그거 나도 들었는데, 사실 아닌가요?"

천강 기자가 제 모습을 찾았는지, 엉뚱한 발언을 시작하였다.

"그렇게 오랫동안 제기되었던 문제들을 재탕하는 것은 야권에 아무런 도움이 되지 못합니다. 그 아들이 어느 지역 몇 번지에서 살고 있는 누구라고 구체적으로 제시할 수 없으면, 이런 말을 흘리지 말아야 합니다. 그런데도 쉬지 않고 풍문으로 흘리고 있는 야권이 참 졸렬한 것 같습니다."

주 기자가 목소리를 높였다.

"저는 이 루머가 사실이라고 하더라도, 문제를 삼는 분들이 이상합니다. 처녀가 연애를 하는 것이 뭐가 문제입니까? 연애를 하여 아이를 낳았다고 한들 그것이 무슨 문제입니까? 이렇게 지극히 사적이고, 작은 일에 열을 올리는 사람들이 한심할 뿐이지요. 대통령은 대한민국을 안정 속에서 발전시킬 인물을 뽑는 것이라는 것을 국민들 모두 자각했으면 좋겠습니다."

송 기자가 재차 답답한 듯이 말하며 잔을 비웠다.

"참, 그 후보의 남동생과 관련된 이야기, 변호사인 남동생의 부인과 얽힌 이야기도 있던데요?

천강 기자가 중요한 이야기를 찾아낸 듯이 의기양양하게 좌중을 돌아보았다.

"그 이야기도 답답한 것은 똑 같지요. 그것이 사실인지 아닌지, 분명하게 밝혀진 것도 아니지만, 만약 밝혀졌다고 하더라도, 그것이 후보가 시킨 것이겠습니까? 여러분은 여러분의 동생이나, 제수가 하고 있는 일들을 모두 알고 있습니까? 나는 내 동생의 직업은 알고 있지만, 그가 무슨 일을 벌이는지 모릅니다. 더구나 제수씨가 하는 일은 도대체 모릅니다. 여러분들은 알고 있습니까?"

말을 끝낸 송 기자가 재차 술을 들이키면서 속사포를 쏘아대었다.

모두 알 수 없다는 표정이다.

"다음에는 이처럼 지극히 사적인 것이 아니라, 적어도 나라와 민족의 미래를 위해 필요한 이야기들을 주담(酒談)으로 나누면 어떻겠습니까?"

송 기자가 정리하면서 다시 술잔을 들었다.

무애 부장, 천강 기자, 주 기자도 술잔을 높이 들었다.

허수아비 허벅지를 긁다

너구리공화국 '너른숲' 김 마담이 하늘거리며 다가왔다. 무릎 위에 살짝 앉아 몸을 비틀며 애교를 떨었다.

"아파트 열쇠 가져 오셨어요?"

"아파트 열쇠?"

"엊그제 아파트 한 채 주신다고 그러셨잖아요?"

"그랬던 것 같네."

"잊지 않으셨어요?"

"음, 그랬던 것 같구만."

"언제 주실 건데요?"

"열쇠? 내가 왜 주어야 하는데?"

김 마담이 몸을 일으키는데 사향인가 지분향 냄새가 흩어졌다. 옆으로 앉으며 샐쭉했다.

"남아일언 중천금이라고 하셨어요?"

"그런 말을 했지."

"그럼, 주셔야지요."

"당연히 주어야겠지!"

"아이고, 고마우셔라. 언제 주실 건데요?"

"열쇠? 없는데."

"오늘 가지고 오신댔잖아요?"

"그랬지, 아마."

"가져 오셨어요? 그럼 내놔 보세요."

"어디서 허수아비 허벅지 긁는 걸 보았나! 주긴 뭘 줘! 술에 고꾸라진 사람을 두고 살짝 빠져나간 주제에, 아파트 열쇠? 허수아비 시냇물에 발 씻는 소리를 하는구만."

그게 참!

너구리 공화국의 양지뜸 마을이 시끌벅적하다. 개동이가 강 건너 음지뜸 마을의 첩자냐, 아니냐, 증거가 있느냐, 없느냐, 누구랄 것도 없이 의견이 분분하였다.

*

이야기인즉슨 이렇다. 강 건너 음지뜸 마을에 살던 개동이가 죄를 지었는지 도망쳤다. 아래뜸 마을을 거쳐 양지뜸으로 넘어와 시민권을 받았다.

음지뜸에 우호적이었던 촌장은 한술 더 떠 그를 촌무원으로 임명하였다. 촌무원 신분인 개동이는 이상할 정도로 외국 여행이 잦았다. 두 마을과 등거리 관계를 유지하고 있는 아래뜸에 가서 음지뜸 너구리들과 자주 어울리곤 하였다.

그러다가 음지뜸에 남아 있는 모친의 별세 소식을 들었다. 그는 모친의 장례를 치르기 위해 아래뜸을 거쳐 음지뜸으로 들어갔다. 장례를 잘 모시는 동안, 음지뜸으로부터 어떠한 압박을 받거나 불편을 겪지 않은 것으로 알려졌다. 그것은 이해할 수 없는 음지뜸의 은혜였다.

모친의 장례를 치르는 것은 동양 촌국의 예의에 해당하기 때문에 음지뜸 당국에서도 모르는 체 눈감아 주었을 것이라고 TV에 나와 공개적으로 변명해 주는 양지뜸 촌의원도 있었다. 참으로 너그러운 음지뜸의 은혜였다.

그것은 있을 수 없는 일이라고 여기고, 의심의 눈초리를 번득이던 양지뜸 포도청에서 내사를 시작하였다. 놀라운 일이 하나 더 있었다. 모친의 장례를 치르고, 아래뜸으로 돌아왔던 개동이가 다시 음지뜸에 나타나 며칠을 지냈다는 사실이다.

장례 치를 때 도와준 너구리들에게 한 턱 쏘았다는 것이다. 그리고 아래뜸으로 돌아온 것이다. 음지뜸에서 활동하고 있는 휴민트의 보고에 의하면 분명히 개동이가 활보하고 다녔다는 것이다. 그리하여 포도청에서는 조심스럽게 아래뜸 마을의 출입 장부를 확인하였지만, 두 번째 드나든 기록은 찾을 수가 없었다.

*

양지뜸 판관들은 개동이의 적지 월경을 인정하지만, 두 번째 월경 증거는 법적으로 인정할 수 없다고 무죄를 선고하였다. 포도청에서는 정황 증거, 통화한 너구리의 증언, 목격담을 전달받은 너구리의 증언으로 반격을 하였지만, 두 번째 적지 월경의 증거가 조작으로 판명되어 손을 들어야 했다.

*

후일담, 개동이는 눈을 지긋이 감은 채, 자신을 변호해 준 너구리에게 전화를 하였다.

"당시 아래뜸에서는 위조 여권 발급받기가 흘린 사탕 주워 먹기보다 쉽고 흔하였디요. 그래서 조금만 투자하면 누구나 쉽게 넘어가고 넘어올 수 있디요. 양지뜸 포도청은 구린내는 잘 맡는데, 똥이 어캐 생겼는디는 모르누만요. 허허."

그 말을 들은 전화기 저쪽 너구리의 목소리가 자못 싱싱하였다.

"그 빙신들이 우리를 어캐 잡겠슴둥? 안 그렇슴메?"

"그람요. 내 이름을 여섯 개나 만들어서 드나들어도 눈치도 못 채더구만요. 후후."

"그람, 그람. 우리 땅, 암요. 음지뜸이 우리 땅이디요. 그 우리 땅에 허가 없이 들어간 것만도 양지뜸에서는 큰죄가 되는데, 빙신들이 그기는 따지지도 않디 않슴메?"

"그람요. 내사 여러 번 드나들었디요. 돈이면 다 되디요. 히히."

서로 보고 있지 않지만, 두 너구리들의 입가에는 이상한 미소가 흘렀다.

너구리 공화국 일초 스님

일초(日超) 스님!

추분을 지나면서 아침저녁으로 삽상합니다. 풀벌레 소리가 보름달을 부는 것 같습니다. 여러 마리가 노래를 하여 반가우면서도 한편으로는 귀가 간지럽습니다. 그래도 이들의 노래는 들어줄 만합니다. 이들의 노래는 거짓이 없어 보이기 때문입니다. 다른 사람을 욕하지 않는 것 같아서입니다.

그런데 선거철만 되면, 자칭 애국자들이 참으로 많이 나타납니다. 지역을 발전시키고, 나라를 이끌어 갈 사람이 자기밖에 없다고 확성기를 틉니다. 그런데 바로 그 옆에서는 이 사람이 돈을 받아먹어 교도소에 갈 사람이라고 더 큰 소리를 냅니다. 파렴치범이어서 도저히 나라 일을 맡길 수 없는 사람이라고, 귀를 막고 싶을 만큼 욕을 해댑니다.

일초(日超) 스님!

귀를 막고 계시는 이유를 알기 때문에 더 답답합니다. 엊그제 들은 몇몇 말씀을 곰곰이 묵상하면서 그 뜻을 다시금 새깁니다. 스님의 말씀에 부합되는 사람이 정녕 없을 거라면, 그 차선이라도 현명하게 선택할 수 있었으면 좋겠습니다. 완벽한 사람이 어디 있으며, 험이 없는 정치인이 어디 있겠습니까?

스님께서는 [국회의원 선거와 대통령 선거는 다르다]고 말씀하셨습니다. 국회의원은 300명이기 때문에 그 중 한두 명을 잘못 뽑아도 큰 영향을 주지 않을 수 있다고 하셨습니다. 물론 미꾸라지 한 마리가 흙탕물을 일으킬 수도 있지만, 몇몇 때문에 나라의 운명이 바뀌는 일은 없을 것도 같습니다.

그러나 대통령 선거는 한 사람의 지도자를 선택하는 일이라 하셨지요. 그 사람의 판단에 의하여, 가난한 나라로 돌아갈 수도 있을 것이고, 지금보다 훨씬 잘 사는 나라가 될 수도 있을 것입니다. 겉에 드러난 인기보다, 우리의 운명을 맡길 수 있는, 그리하여 신뢰할 수 있는 사람이라야 한다는 말씀에 동의합니다.

일초(日超) 스님!

스님께서는 [사익을 초월한 사람이라야 자유로운 법]이라고 하셨습니다. 세상에 욕심 없는 사람이 어디 있으며, 부자로 살고 싶지 않은 사람이 어디 있겠습니까? 그렇지만, 오랜 기간 살아온 발자취를 보면 그 사람의 됨됨이를 알 수 있다고 하신 말씀이 새삼스럽습니다.

스님께서는 [정치적 경험과 행적이 뚜렷해야 한다]고 하셨습니다. 모든 일을 원칙이라는 잣대로 처리할 수는 없겠지만, 그 바탕은 '원칙과 신뢰'여야 한다고 하셨습니다. 초등학교 반장을 뽑는 일이 아니고, 연예인 인기투표를 하는 것도 아니며, 오로지 우리의 삶을 책임질 능력자를 선택하는 일이라고 하셨습니다.

스님께서는 [위기 극복의 리더십]을 지닌 사람이어야 한다고 하셨습니다. 평소에 좌절을 체험하지 않은 사람은 피해야 한다고 하셨습니다. 단 한 번의 위기 관리 누수로, 나라의 운명을 그리스처럼 만들 수도 있음을 명심하라고 하셨습니다. 남과 북이 대치하고 있는 상황에서 자신을 지키고, 조국과 겨레를 지킬 수 있는 사람이라야 한다고 하셨습니다.

일초(日超) 스님!

가을 풀벌레 소리가 편안합니다. 현실에 발을 굳건하게 디디고, 우리의 꿈을 실천해 줄 든든한 지도자가 그립습니다. 우물쭈물하지 말고, 눈치 보지 말고, 되는 것은 된다고, 아닌 것은 아니라고, 분명하게 소신을 밝힐 지도자가 그립습니다. 그래서 우리는 우리가 맡은 일만 성실하게 할 뿐, 정치를 걱정하지 않았으면 좋겠습니다.

초록(草綠)이라 동색(同色)끼리

천강 선생은 지긋이 감았던 눈을 뜨고 컴퓨터의 자판을 두드렸습니다. 너구리 공화국 '너른들' 마을의 대학교수 '소나무'씨가 자신을 비판한 글에 대한 반론이지만 마음은 편하지 않았습니다.

*

저는 지방에서 발행하는 잡지를 보면서, '문학계의 어려움에도 이런 책자를 발간하는구나.' 감탄과 함께, 문학 발전을 위해 수고하는 분들에게 감사하는 마음으로 읽었습니다.

첫 쪽에 선생께서 쓴 「문단의 향원(鄕原)을 추방하자」는 글이 있었습니다. 시작은 '사람답게 살아가기 위해서는 진실하게 살아야 한다.'는 의미여서 좋았습니다. 그러다가 글의 진행에 따라 아연실색할 수밖에 없었습니다. 성경에도 남의 눈에 있는 '티끌'은 잘 보면서 자신의 눈에 있는 '들보'는 보지 못한다고 하였는데, 바로 이러한 상황을 말하고 있었습니다.

짧은 글 속에 하고 싶은 말을 모두 담아내는 선생의 필력(筆力)에 혀를 내두르다가, 글에서 비판하는 사람이 바로 선생 자신임을 알고 더욱 놀랐습니다. 말하자면 사이비(似而非)인 자신이 스스로의 이야기를 하고 있었습니다. 어쩌면 사이비만도 못한 사람임을 스스로 고백하고 있었으니, 참으로 '대단한 용기'라는 생각이 들었습니다.

〈겉은 제법 비슷하게 보이지만 그 속이 다른 것을 우리네 선인(先人)들은 사시이비(似是而非), 이를 줄여서 사이비(似而非)라 하여 일상생활에서 멀리 하려고 노력하며 살았다. 또한 이러한 행동을 하는 사람을 가리켜 향원(鄕原)이라 하였다. 논어(論語) 양화편(陽貨篇)에 보이는 이 향원은 그것이 겉으로 풍기는 어감과는 달리 그 속뜻 역시 마을에서 신망을 얻기 위하여 짐짓 선량함을 가장하여 행동하는 사람을 일컫는다고 하였으니 지금 말로 가짜를 가리키는 것이다.〉

선생의 이 글을 보면서, '과거에서부터 현대에 이르기까지 얼마나 많은 향원들이 있었을까?' 그리고, 그 '향원들에게 얼마나 많은 사람들이 속았을까?' 이런 생각을 했습니다. 그러다가 다시 되짚어 보았습니다. 목적이 있든지 없든지 간에 마을에서 신망을 얻기 위하여 선량함을 베풀었다면, 그것이 정치적 쇼든지, 종교적 포교행사든지, 가난한 예술인들에 대한 것이든지, 체육이든지, 베풀지 않은 사람보다는 훨씬 낫다는 생각입니다. 누구 것을 빼앗고 모함하는 것보다 베풀며 살아가는 사람이 많다면 그 사회는 좋은 사회가 아니겠습니까?

이런 생각을 하면서 '우리 소나무 교수는 얼마나 남을 위해 눈물을 흘리고, 따뜻한 손으로 가난한 이웃을 어루만져 주었을까?' 생각을 해보았습니다. '얼마나 많은 사람을 필설(筆舌)로 속이고, 필설로 선비인 체 했을까?' 생각도 해보았습니다. 소나무 교수님! 소나무 교수는 누구를 위해서 선량함을 베풀었습니까? 속마음이든지 겉치레이든지 누구를 위해 긍휼을 베풀었습니까? 지금껏 소나무 교수가 다른 사람을 위해서 선량함을 베풀었다는 이야기를 듣지 못했으니, 내 귀의 어두움을 탓할 수밖에 없을까요?

그래서 다른 사람을 위해 살신성인 봉사하는 사람들을 향원이라고 매도하게 되었습니까? 그런 사람들처럼 자신은 남을 도와줄 마음이 없기 때문에, 정성으로 남을 돕는 사람을 비난하게 되었습니까? 다른 사람도 소나무 교수처럼 이기적인 모습을 보여야, 그나마 궤변이라도, 말을 잘하는 소나무 교수가 빛이 나게 생겼습니까? 그냥 두면 선행을 베풀지 못하는 선생이 사회에서 침몰하게 생겼습디까?

〈제대로 알고 제대로 안 지식을 가지고 제대로 행동하는 것을 행학(行學)이라 이르는데 여기에 이르지 못하고 가짜로 아는 사이비, 즉 향원이 판을 치기 때문에 질서가 무너지고 사회가 어지러워지는 것이다. 따라서 어설픈 앎은 모름만 못한 것이다. 차라리 모른다면 체념하여 선량하게나 살련만, 어설피 알기 때문에 그것이 마침내 사회악으로까지 번지게 된 것이다.〉

소나무 교수의 이 글을 읽으면서 다시 한 번 감탄했습니다. 제대로 안 지식을 가지고 행동하는 것을 '행학'이라고 한다는 것을 이미 알고 있으니, 선생은 이를 제대로 실천하고 있겠다는 생각이 들었습니다. 그러나 들리는 말은 그렇지 못하니 답답합니다. 제대로 알지도 못하는 상태로 여러지면(紙面)을 더럽힌 것이 소나무 교수라는 말을 들었습니다. 내가 잘못 들었기를 바라지만, '이런 것들이 바로 선생이 말하는 향원의 행학(行學)이로구나.' 생각했습니다. '자신 혼자만 바르게 알고 바르게 행동하는 향원이 바로 이런 것이로구나.' 생각했습니다.

그렇다면 나는 선생과 같이 입과 글로만 행학을 행하는 사람의 이웃에도 가고 싶지 않습니다. 짧은 지식을 밑천 삼아 입과 글로 선량한 이웃에게 악업을 짓는 것이 소나무 교수의 행학이라면 나는 절대로 행학 근처에도 가고 싶지 않습니다.

〈향원이 문단에까지 깊숙이 침투되어 있을 때 묵묵히 글을 쓰고 사는 사람에 앞서 설쳐대며 온갖 명예와 이익을 독점하려 하니 진정 향원은 문단에서 추방되어야 마땅하다.〉

참으로 높으신 식견이고 마무리입니다. 바로 그래야지요. 그러한 생각이면 행학을 실천하시는 선생께서 왜 지금까지 가만히 있었는지 의문이 듭니다. 선생 스스로 향원의 추방에 앞장서야 되지 않겠습니까? 필설로만 그럴 것이 아니라, 행동으로 보여야 하지 않겠습니까? 선생 스스로가 추방되어야 할 대상이어서 그러십니까? 아니면 선생과 가까운 사람들이 해당되어서 그러십니까?

문단이나 문인, 그리고 작품에 대해서 바르게 평가하는 것이 할 일이라고 합니다. 선생도 언필칭 교수라면서요? 그러한 분이 그렇게밖에 물정 파악을 못 하십니까? 어느 것이 알곡인가, 그리고 어느 것이 쭉정이인가, 판단이 서지 않습니까? 아니 판단을 하다가 자신이 쭉정이인 것이 드러날까봐 두렵습니까?

요즈음 우리 고장의 문학상이 많아졌습니다. 진정한 의미에서 문학상은 창작에 열중하는 문인들을 격려하고, 문학에 대한 공적과 문학성을 상찬(賞讚)하는 것이라 정말 반갑고 좋은 것입니다. 그러나 몇몇 상은 주고받는 사람들이 그야말로 재미있습니다. 어느 교수는 자신이 회장이면서 그 문학회에서 주는 상을 받았는데, 그 사람이 바로 선생과 가까운 사람이더라구요. 또 어떤 시조시인도 자신이 회장이면서 그 모임의 상을 받더라구요. 그 사람도 선생과 가까운 사람이구요. 소나무 교수님, 선생과 가까운 사람들이 벌이는 이런 꼴볼견, 이런 일에 나서서 그 궤변으로나마 필설을 멋있게 휘두를 생각은 없으십니까?

문단의 이런 이야기를 표면화하자는 것은 아닙니다. 잘못한 일은 서로 쓰다듬어야지요. 힘이 드는 일은 서로 도와야지요. 그래서 나는 좀 지저분한 이야기를 들으면서도 이 일들이 불거지지 말아야 한다고 생각했습니다. 그러나 그런 일들이 다시는 일어나지 않았으면 좋겠다는 생각입니다. 문인들이 서로 의지하고 격려할 때 문학은 발전한다고 믿습니다. 더 좋은 작품을 창작해야겠다는 의지와 땀의 결실로 예술은 꽃피우는 것이라고 봅니다. 좋은 작품을 창작하기 위해서 서로 힘을 합하고 노력해야 한다고 믿기 때문입니다.

야담에 조선을 건국한 태조와 스승이신 무학대사의 대화가 나옵니다. 상황은 차치하고, 태조가 무학을 돼지 같다고 하니, 무학은 태조를 부처님 같다고 말했다는 것입니다. 돼지 눈에는 돼지만 보이고, 부처님 눈에는 부처님만 보인다는 것입니다. 역설적이기는 하지만, 향원은 자기와 유사한 또 다른 향원을 잘 찾아낼 수 있다고 합니다. 그래서 나는 선생을 향원(鄕原)이라고 지칭하고, 앞으로 그렇게 모시겠습니다. 소나무 향원님, 부디 건강하시고, 앞으로는 진정 문학의 발전을 위해 행학(行學)다운 행학을 실천하시기 바랍니다.

*

아뿔싸! 착하게 열심히 일하는 사람을 향원이라고 비난하는 소나무 교수의 글을 읽고, 그 향원이 바로 소나무 선생인 것을 알았으니, 천강 역시 향원일 수밖에 없는가요? 그렇다면, 소나무 향원님, 초록은 동색이라고 했으니, 언제 만나거든 천강과 박주산채나 나누시지요. 초록이라 동색끼리!

웃고 넘겨야겠습니다

일초(日超) 스님!

너구리 공화국 '너른숲'의 말사(末寺)를 지키는 비구(比丘)와 향토 서생(書生)이 세상 돌아가는 이야기를 나눈들 무슨 소용이겠습니까? 깊은 밤에 설해목(雪害木) 부러지는 소리는 가슴을 철렁하게도 하지만, 바람결에 흩어지는 우리들의 이야기가 뭔 의미겠습니까?

그럼에도 불구하고 두 심장에서 시작된 맥놀이는 그칠 줄 모르고 울려 퍼집니다. 진동수가 조금 다른 두 소리가 겹쳐졌을 때, 서로 간섭하여 주기적으로 강약을 되풀이하는 현상을 '맥놀이'라고 합니다. 사암(寺庵)의 범종을 칠 때 강약을 두고 흔들리는 울림소리가 그러합니다.

일초(日超) 스님!

스님께서 임진년 정초(正初)에 붓을 들어 '변(變)'이라 일필휘지를 하셨을 때만 하더라도, 그야말로 경천동지할 만한 혜안(慧眼)이라고 생각했습니다. 북한을 비롯한 국내외 정세가 그러하고, 화려한 무역성장의 그늘에서 고생하는 서민의 밥살이가 그러하며, 한류를 전파하면서도 어딘가 서늘하게 빈 곳이 드러나는 문화가 그러하고, 서민을 위한 보편적 복지를 경쟁적으로 약속하는 정치 지형이 그렇습니다.

그렇지만, 곰곰이 생각해 보니, 세상은 아침 다르고 저녁 다른데, 그 '변'이라는 화두(話頭)는 아무나, 아무 때나, 써도 통용되지 않겠습니까? 그래서 무식한 사람이 용감하다고, 불문곡직 시원하게 물었더니, 생각보다 놀라운 경지를 보여 주셔서, 그 말씀이 맥놀이처럼 되살아납니다.

"변해야 합니까?"
"변할 것은 변해야지요."
"변하지 말아야 합니까?"
"일여(一如)할 것은 일여해야지요."

"화두의 핵심이 일여입니까?"

"변화 속의 일여이지요."

"정치입니까?"

"바탕이지요."

"스님, 정치가들은 법으로 허가를 맡은 거짓말쟁이라고 하셨잖습니까? 매일 변하고, 매월 변하고, 매년 변하고, 그 사이사이 수도 없이 변하는 것이 정치요 정치가들이니, 변함없는 분이 돌연변이 같다고 하지 않으셨습니까? 너무 자주 변해서 어지러운 세상이라고 하지 않으셨습니까? 평형만 유지해도 훌륭한 분이라고 말씀하지 않으셨습니까?"

그러자 스님은 미소를 지으면서 붓을 들어 '평(平)'이라 일필휘지를 하셨지요. 그 '평'은 평평하다는 뜻도 있지만 바르고 곧다는 의미가 있습니다. 정치가로 치면 바탕이 되는 기본급인데, 요즘과 같이 혼탁한 정치 지형에서도 나라와 국민을 생각하며 꿋꿋하게 자신의 지향을 추구하는 분이지요. 당락을 따라 이 정당 저 정당 기웃거리지 않는 분들이지요. 리더십 이전에 갖추어야 할 기본 소양이라 하셨지요.

다음에 쓰신 '탁(濁)'은 하등급인데, 정치적 지향을 꿋꿋하게 지키지 못하는 분들이라 하셨지요. 우왕(右往)하고 좌왕(左往)하여 보기가 민망하다 하셨지요. 그 중에서도 가장 천박한 짓은 당락에만 매달려 스스로 우왕하고 좌왕하기를 반복하는 변태(變態)라 하셨지요. 시민을 위해 칼라를 바꾸었다고 하지만, 자신과 배(輩)거리를 위해 시민을 업신여긴 죄악이라고 하셨지요.

일초(日超) 스님!

그렇지만, 이만 접으시지요. 머지않아 흐렸던 눈이 밝아진 시민들로부터 그 또한 업신여김을 돌려받을 것이니 소이불문(笑而不問)하시지요. 그래서 어허허, 웃고 넘겨야겠습니다.

정유년에 드리는 기도(祈禱)

캄캄한 밤이었습니다. 우리 너구리 공화국의 지난해 병신년(丙申年)은 그야말로 난장판이었습니다. '떼거리'들은 자신들의 주장만이 지선(至善)이라며 목소리를 돋우었습니다. 앞에는 '국민'을 내세웠지만 그들의 국민은 자신들의 떼거리뿐이었던 것 같습니다.

독재를 물리치고 민주주의를 이루겠다며 '촛불을 든 사람들'은 '떼법'의 민주주의에 길들여 있습니다. 선거에 의하여 선출되어 선량(選良)이라 불리는 사람들은 '어둠의 자식들'만도 못하였습니다. 어둠의 자식들은 자기들만의 의리라도 지키는데, 선거벽보에 사진을 붙이고 선량이 된 자들은 '입의 칼'로 세상과 '임'을 단두대에 세웠습니다.

공화국 깃발을 들고 민주주의를 지키겠다는 사람들도 '떼법'의 민주주의에 길들여 있습니다. 법원의 선고 전에는 '무죄'로 추정하는 것이 당연하다고 주장합니다. 야권의, 야권에 의한, 야권을 위해 제정하고 시행하고 있는 '특검법'은 헌법의 평등권을 위반한 것이라고 주장합니다. 나라와 겨레를 지키기 위해 나섰다고 주장을 합니다.

정론직필(正論直筆)이어야 할 언론은 허론(虛論)과 곡언(曲言)으로 국민의 눈과 귀를 어지럽혔습니다. 법에 의해 죄가 확정되기도 전에 언론이 앞서 정치가 갈 길을 몰아가기도 하였습니다. 그 길은 국민의 편에 있는 것 같지 않습니다. 언론사의, 언론사에 의한, 언론사를 위한 '떨거지 소란'이어서 조작한 기사를 서로 퍼나르며 나라를 시끄럽게 하기도 합니다.

그래서 정유년 설을 맞아 간절한 기도를 올립니다. 어수선한 난장판이 잘 정돈되고, 손에 손을 잡고 한마음이 되기를 소망합니다. 내가 서운할 때, 나를 서운하게 한 사람들을 먼저 용서하기를 간절히 바랍니다. 그리하여 평화로운 너구리공화국의 정치도 잘 되고, 국민의 살림도 활짝 피어나기를 소망합니다.

새해, 미명(未明)을 깨우는
우렁찬 '닭 울음'이게 하소서.

지난해의 어둠이
아직은 세상에 가득해 보이지만
천지를 흔드는 닭울음소리에
가뭇없이 사라지게 하소서.

우리의 가슴에 남아 있는
어둠의 찌꺼기까지 모두
새롭게 떠오르는 햇빛을 받아
청심(淸心)이게 하소서.

되짚어 보면
살다가 몇 번쯤
아픔도 겪게 마련이고
울화로 답답하기도 하였을 터,
부끄러운 욕설을 주고받으며
눈을 부릅뜨기도 하였을 터,

때로는
하늘에 주먹질을 하며
가슴의 응어리를 내뱉기도 하지만
어쩌면 이것은
자신에게 돌아오는
무서운 메아리일 수도 있는 법,

새해를 맞아 조금만 더
깊이 생각해 보면
나에게 잘못한 사람을 용서하고
그를 미워한 자신을 돌아보며,
"내 탓이요."
반성하는 삶이 오히려 행복이리니,

저들이 잘못한 사실을 깨우쳐도
깨닫지 못함을
오히려 불쌍하게 여기고
"그대를 미워하여 미안하였노라."
먼저 찾아가 사과하는

화해의 한 해가 되게 하소서!

새해, 새 아침
눈시울 적시는 초심(初心)으로
1년 내내
아름다운 평화를 나누게 하소서.

— 시 「아름다운 평화를 나누게 하소서」 전문

이제 광장에 주저앉아 촛불을 들었던 손과 공화국 깃발을 들고 거리에 나섰던 손으로 사랑의 악수를 나누어야 합니다. 피켓마다 쓰여 있던 저주의 말 대신 '사랑합니다.' '아니오. 내가 더 사랑합니다.' '미안합니다.' '아니오. 내가 미안합니다.' '내 탓이요.' '아니오. 내 탓이 더 큽니다.' '힘을 모아 나라 발전에 이바지하십시다.' 눈빛도 선하게 가슴을 열어야 합니다. 그래야 국민으로부터 박수를 받을 수 있습니다.

거리에 나서지 않고 자기 일에 충실하던 우리 국민 모두 같은 마음이어야 합니다. 나를 아프게 한 사람을 원망하면, 그 화살이 나에게로 향할 수도 있습니다. 나를 아프게 한 사람을 미워했다면, 내가 먼저 미워한 것을 풀어야 합니다. '당신이 한 짓이 미워서, 당신을 원망했습니다. 그러나 생각해 보니, 미워해서 미안합니다.' 얽힌 감정을 풀어야 합니다.

정유년 설을 맞아, 지난해의 어둠을 씻고, 1년 내내 맑고 밝은 세상이기를 소망합니다. '영차영차 힘을 모으는 힘'을 '울력'이라고 합니다. 우리 너구리 공화국 국민 모두의 '울력'으로 훌륭한 나라를 이루기를 바랍니다. 이제 정말로 통일이 되는 나라의 기틀을 다지면서 서로 사랑하기를 기도합니다.

소녀의 기도

천강무애 우화콩트

발 행 일 | 2017년 2월 17일
지 은 이 | 천강무애(千江無碍)
발 행 인 | 李憲錫
발 행 처 | 오늘의문학사
출판등록 | 제55호(1993년 6월 23일)
주　　소 | 대전광역시 동구 대전로867번길 52(한밭오피스텔 401호)
전화번호 | (042)624-2980
팩시밀리 | (042)628-2983
전자우편 | hs2980@hanmail.net
카　　페 | cafe.daum.net/gljang (문학사랑 글짱들)
카　　페 | cafe.daum.net/art-i-ma (아트매거진 아띠마)

공 급 처 | 한국출판협동조합
주문전화 | (070)7119-1752
팩시밀리 | (031)944-8234~6

ISBN 978-89-5669-801-4
값 15,000원

* 이 책은 교보문고에서 E-Book(전자책)으로 제작하여 판매합니다.
* 잘못 제작된 책은 바꾸어 드립니다.
* 본문에 사용한 종이는 친환경 재생지 '그린라이트' 80g/㎡을 사용하였습니다.